현대 시 창작의 이론과 실제

행복한 시詩쓰기

인생과 행복한 시쓰기

시(Peom)란 -

상상과 감정을 통한 영혼의 노래이고, 인생의 해석이라고 말한다. 따라서 시인은 인생이나 자연에서 얻어진 주제나 소재를 시적으로 압축된 언어로 새로운 의미와 진실을 찾고 만들어 가는 사람인 것이다.

인생길에서 -

시인이 된 다는 것은 아름다운 도전이다.

오늘날 세상은 문학 활동의 주류가 젊은세대에서 은퇴세대로 변화했다. 인생은 전반기에 배움의 삶, 중반기에 치열한 현장의 삶, 그리고 은퇴한 후반기의 삶을 어떻게 살 것인가?

지금 나에게 맞는 것이 어떤 것이며, 무엇을 하면 즐겁고 보람 있는지를 모르거나 망설이다가 이도저도 못하고 인생을 끝내고 만다. 평균수명이 짧은 시절에는 남은 인생을 살다가 가면 된다고 해서 '여생'이라고 했다. 지금은 남은 인생이 더 긴 백세시대이다.

100세 시대는 젊음이 늘어 난 것이 아니고, 늙음이 늘어난 시간이기에 "그냥 하늘을 쳐다보고 땅만을 바라보며" 숨만 쉬고 허송한 세월을 보내기는 내 인생이 너무 아깝지 않는가….

　나를 진정으로 사랑한다면 –

　다시 꿈꾸는 청춘을 위하여 –

　나를 위한 작은 목표를 하나쯤 가지고 도전한 인생이어야 한다. 그 도전은 많은 취미생활 중의 하나로 문학인이 되어 즐기고 누리는 것이다. 지금까지 내 인생에 힘이 되어준 미국 시인 롱펠로우의 〈인생 예찬〉 시를 좋아 해 왔다.

　　세상의 싸움터에서
　　인생의 야영지에서
　　말 못하고 쫓기는 마소가 되지 말고
　　투쟁하여 승리하는 영웅이 되라

　　미래를 믿지 말라
　　죽은 과거는 죽은 채 묻어 두라
　　살아 있는 현제 속에서 행동하라…!!!

　세상살이가 타들어간 햇볕 아래에서, 천둥비바람 속에서 허둥지둥되어 질 때마다 〈인생 예찬〉 시를 읊조리며 위로 받고, 다시 일어나 뛸 수 있었다.

인생과 행복한 시쓰기

　인생의 목표는 무덤이 아니라 도전이다. 시는 나에게 계속 도전할 힘을 데려왔고, 기회를 주었기에 지금도 노래하는 삶을 누리고 있다.
　작은 목표에 도전은 늦은 나이란 없다. 일상의 삶 속에서 시인이고 수필가 소설가 등이 되는 것이다. 좋은 시인이기 위해서는 시의 이론을 공부하는 것이다. 그 이론적 바탕위에 다른 시인의 작품을 읽고 감상하면서, 자신의 시적 표현을 계발해 작품을 쓰고 퇴고하여 창작해 나가야 한다.
　시인은 상상력과 사물의 진실을 포착해서, 압축된 언어 속에 인생을 담는 시적 구성을 위해 많이 노력해야 한다.

　은빛의 열정으로 -
　아름다운 흔적을 남기며 살아가야 한다.
　나는 시와 수필을 공부하고 쓰는 일을 하며, 존재의 의미와 살아야 할 가치를 찾아 영원히 사는 기쁨으로 살아왔다.
　왜야하면 시가 나에 상상과 감정의 자유로운 영혼을 담는 그릇이라면, 수필은 나의 삶과 인생의 체험을 담는 그릇이기 때문이다.
　《행복한 시 쓰기》교재는 ①이론 중심의 개론서에서 작품중심의 입문서가 되도록 했고, ②많은 작품을 분석적으로 전개해 쉽게 이해하고, ③국내 외의 과거 작품만 아니라 현재 활동한 작가들의 작품을 감상하고 작품창작에 도움이 되도록 했다.

　문학의 길을 걸어가고 싶은 문학도에게 시와 수필의 이론과 실제와 작품감상이 담긴 《행복한 시 쓰기》·《행복한 수필 쓰기》가 좋은 길잡이 참고교재가 될 것이다.

연세대학교 강의실에서

저자 조영갑

| 차례 |

Ⅰ. 시란 무엇인가

1. 시의 개념 /12
  가. 시의 정의 /12
  나. 시인이란 /14

2. 시의 유형 /15
  가. 내용에 따른 유형 /16
    (1) 서정시 / 16   (2) 서사시 / 18
    (3) 극시 / 22

  나. 형태에 따른 유형 /22
    (1) 정형시 / 22   (2) 자유시 / 25
    (3) 산문시 / 27

  다. 목적에 따른 유형 /28
    (1) 순수시 / 28   (2) 참여시 / 30

  라. 경향에 따른 유형 /32
    (1) 주정시 / 32   (2) 주지시 / 34
    (3) 주의시 / 35

3. 시의 대상 /37
  가. 자연의 생태 /37
  나. 일상의 이야기 /38
  다. 역사의 사실 /38
  라. 사물의 대상 /39
  마. 추상의 관념 /39

4. 시의 3대 요소 /40

5. 화자와 어조 /40

Ⅱ. 시를 어떻게 표현할 것인가

1. 시어 /44
  가. 시어란 /44
  나. 산문이 아닌 운문으로 표현 /44
  다. 정보전달을 넘어 정서의 상상력 표현 /45

2. 시어의 특성 /46
  가. 서정성 /46
  나. 함축성 /48
  다. 애매성 /48
  라. 문맥성 /49

3. 시와 상상력 /49
  가. 상상력이란 /49
  나. 상상력의 구현 방법과 사례 /51

4. 시와 묘사 /53
  가. 묘사란 /53
  나. 묘사의 조건 /53
  다. 묘사의 실제 /54
  라. 묘사와 시적 진술 사례 /56

| 차례 |

5. 시와 운율　　　　　/ 57
　가. 운율이란　　　　/ 57
　나. 운율방법과 사례　/ 58

6. 시와 이미지　　　　　/ 60
　가. 이미지란　　　　　/ 60
　나. 이미지의 유형과 사례 / 60
　　(1) 지각적 이미지 / 61　(2) 비유적 이미지 / 62
　　(3) 상징적 이미지 / 63

7. 시와 비유　　　　　　/ 64
　가. 직유　　　　　　　/ 65
　나. 은유　　　　　　　/ 67
　다. 의인과 풍유　　　 / 70
　라. 제유와 환유　　　 / 70
　마. 인유　　　　　　　/ 71
　바. 반어와 역설의 사례 / 72

8. 시와 상징　　　　　　/ 73
　가. 상징이란　　　　　/ 73
　나. 상징의 유형과 사례 / 74
　　(1) 개인적 상징 / 74　(2) 관습적 상징 / 75
　　(3) 원형적 상징 / 75

Ⅲ. 시의 구성은 어떻게 할 것인가

1. 시의 구성 /78
    가. 구성이란 /78
    나. 구성 요소 /78
    다. 구성 방법 /79

2. 구성요소 찾기와 실제 /81
    가. 관심 /81
    나. 관찰 /81
    다. 교감 /82
    라. 의미부여 /82
    마. 시 구성의 실제 /82

3. 제목 /92
    가. 제목이란 /92
    나. 제목 붙이기 고려사항 /93
    다. 제목 붙이기 방법 /93

4. 행과 연 만들기 /94
    가. 행과 연이란 /94
    나. 행과 연 만든 방법 /94
    다. 행과 연 만들기 /95
        (1) 5연 만들기 / 95   (2) 4연 만들기 / 96
        (3) 3연 만들기 / 97   (4) 2연 만들기 / 98
        (5) 1연 만들기 / 99
    라. 비정형 만들기 /100
        (1) 산문시 만들기 / 100   (2) 디카시 만들기 / 101
        (3) 수필작품의 시 만들기 / 104

| 차례 |

Ⅳ. 시인의 등단과 작품 활동

1. 시인의 등단과 작품 　/ 112
　　가. 시인의 등단이란 　/ 112
　　나. 등단의 작품과 심사평 　/ 114

2. 시인의 작품 활동과 감상 / 137
　　가. 시인의 작품활동이란 　/ 137
　　나. 작품의 감상과 창작 　/ 138

Ⅴ. 에필로그 　/ 204
　　: 행복한 시 쓰기를 마치면서

참고문헌 　/ 206

I
시란 무엇인가

Ⅰ. 시란 무엇인가

1. 시의 개념

가. 시의 정의

인생은 끊임없는 전진의 여정이다.

그 전진의 여행길에는 걷기 좋은 평탄한 길이 있지만, 높은 비탈길도 있고 진흙탕의 고난의 길도 있다. 고비 고비마다의 길목에서 인생의 환희도 있고 삶의 아픈 탄식도 한다.

문학은 인생의 생·노·병·사를 성찰하며 생각하는 영혼의 사상으로서, 삶의 의미를 찾고 부여하는 언어로 이야기하고 노래 부르는 인생의 표현이라고 말할 수 있다.

그러면 문학의 한 장르인 시란 무엇인가?

시의 Poem은 원래 만듦(making)을 의미하는 희랍어 Poiesis에서 유래되어 '만들기(창작·제작)'로서, 시인(Poet)은 '만드는 사람'이란 뜻이다.

시인은 자연이든 인생이든 언어를 통해 새로운 의미와 진실을 밝혀 가는 것이다. 따라서 시인은 상상력과 사물의 진실을 찾아 압축된 언어 속에 인생을 포괄하는 시를 창작하게 된다.

시는 문학의 한 장르가 되어 정서에 도움이 되고 일상적 삶의 윤활유가 되어 새로운 힘의 원천이 된다. 시는 우리를 살맛나게 하고 우리를 멋진 인생으로 안내하게 되는 것이다.

영국 노벨문학상을 수상한 T. S 엘리어트 시인은 " 시에 대한 정의의 역사는 오류의 역사"라고 말했다.[1] 그 만큼 시에 대한 정확하고 일관된 정의는 시대나 사람의 시각에 따라 다르고 어렵기 때문이다.

- 시는 운율에 의한 모방이다 -아리토텔레스-
- 그림은 말 없는 시이고, 시는 말하는 그림이다 - 시모니데스-
- 시는 넘쳐흐르는 감정의 힘찬 표출이다 - 워즈워드 -
- 시는 상상과 감정을 통한 인생의 해석이다. - 허드슨 -
- 시는 미의 운율적 창조이다 - 포우 -
- 시는 언어의 건축이다 - 김기림 -

즉 시는 자연과 인생에 대한 모방이란 모방론적 관점, 시는 가르침과 즐거움을 준다는 효용론적 관점, 자연과 삶의 현실을 주관적인 상상력에 의해 나타낸다는 구현론적 관점 등 매우 다양한 관점

---

1) 조대일 외, 〈문학의 이해〉 한울아카데미, 2001, pp54~57

의 정의들이 있다.

 이 같은 견해를 종합해 사전적 의미로 정의를 한다면 "시는 인생이나 자연의 모든 대상에서 우러나오는 사상과 감흥을 상상적 · 함축적 · 운율적인 언어로 표현하는 문학의 한 형식"이라고 정의 할 수 있다.

나. 시인이란

 시인은 문학인으로서 어떤 사명이 있다.

 시인은 세상의 혼돈과 고통시대에서 아픔을 드러내고, 그 속에서 작은 빛을 찾아 위안 받고 치유하게 해 새로운 희망을 노래하게 할 사명이 있다.

 시인은 아름다운 꽃 한 송이를 피우고, 향기 난 열매를 만들기 위해서 많이 고뇌하고 힘들어 하며 아프기도 한 것이다.

 오늘날 많은 시인들은 전반기 삶을 각 분야에서 직업인으로 열심히 살다가 후반기 삶은 문학인 길을 걷고 있다.

 어느 시인의 노래처럼, 눈에서 시작된 미소가 입가로 번질 때까지 기다리며 –

 나를 위하고…
 좋은 사람들과 함께 해 즐거움을 공유하며…
 향기 난 열매를 만들어 가야 한다.
 그 삶이 진정으로 존재의 가치를 찾게 하고, 가련한 인생이 아니란 의미를 확인해 나를 기억할 흔적이 되어 영원히 사는 인생으로 남겨지기 때문이다.

그래서 시인은 언어의 화가로서, 일그러져 말없는 그림을 아름답게 말하는 그림으로 그려 낼 수 있어야 한다. 이를 위해 시인은 상상과 감정을 통한 인생길에서 미의 운율적 창작인이 되는 것이다.

2. 시의 유형

시는 압축된 언어 속에 시적인 표현에 따라 여러 유형으로 구분한다.

시의 이론에 대해 최초로 말한 책은 아리스토텔레스의 《《시학》》이다. 아리스토텔레스는 내용의 유형으로서, 서정시, 서사시, 극시로 구분했고, 형태 · 목적 · 경향에 따른 유형 등이 있다.[2]

이 같은 시의 유형은 작품의 중심인 주제(제목)을 구현하기 위해 알맞는 소재를 캐내서 "〈시작의 행과 연〉-〈중간의 행과 연〉-〈마무리의 행과 연〉의 형식적인 구성과 다양한 묘사 · 심상(이미지) · 운율(리듬)의 표현방법 등으로 시의 대상을 형상화"해 써야한다. 그리고 작품에서 내용과 작가가 체험하고 의도한 미적 형상화에 따른 세부적인 이론과 실제와 작품감상은 다음 장에서 계속 알아보겠다.

---

[2] 조태일 외, 전게서, pp53~119

가. 내용에 따른 유형

(1) 서정시

서정시는 고대 그리스에서 악기에 맞추어 노래 부르던 시가(詩歌)를 의미한 유형으로서, 인류가 지닌 가장 오래된 문학적 표현 중에 하나이다.

미국 에드거 포우 시인은 서정시를 '미의 운율적 창조'라고 말했는데, 운율과 떨어질 수 없는 리듬감을 갖고 있다.

개인의 주관적 감정이나 정서를 너무 길지 않게 행이나 연 속에 표현하는 시로서, 오늘날 대부분의 시들은 서정시에 해당된다.

… 세계적으로 위대한 서정시는 단순히 개성적이고 특수한 것보다는 인간적인 것을 구체화시켰다는 사실에서 문학적 위치를 점하게 되었다.…

미국 허드슨은 〈문학연구입문〉에서 수순한 서정시는 개인적인 특수한 감정보다는 모든 인간이 함께 공유할 수 있는 보편적 감정을 표현하는데서, 더 큰 의미를 지니게 된다고 했다.

산산이 부서진 이름이여!
허공중에 헤어진 이름이여!
불러도 주인 없는 이름이여!

부르다가 내가 죽을 이름이여!

심중에 남아 있는 말 한 마디는
끝끝내 마저 하지 못하였구나.
사랑하던 그 사람이여!
사랑하던 그 사람이여!

붉은 해는 서산마루에 걸리었다.
사슴의 무리도 슬피 운다.
떨어져 나가 앉은 산위에서
나는 그대의 이름을 부르노라.

설움에 겹도록 부르노라.
설움에 겹도록 부르노라.
부르는 소리는 비껴가지만
하늘과 땅 사이가 너무 넓구나.

선 채로 이 자리에 돌이 되어도
부르다가 내가 죽을 이름이여!
사랑하던 그 사람이여!
사랑하던 그 사람이여!

—김소월, 〈초혼〉 전문 [3]

〈초혼〉은 김소월 시인이 사랑했던 여인의 죽음에서 죽은 혼백을 부르는 처절한 슬픔이 주제(제목)가 되어, 그리움의 서정을 함축된 언어와 리듬, 이미지를 활용해 서정을 구체화시킨 서정시 혹은 자유시이다.[4]

---

3) 김소월 〈진달래꽃〉 예가. 2012. 참조
4) 박명용 〈오늘의 현대시작법〉 푸른사상. 2008. pp16~19

〈초혼〉의 주제(제목)는 각 연에서 각 소재별로 표현된 시적 언어로서 시작 1연은 임의 죽음에 대한 확인이고 암시(紀/초장/서두소재), 중간 2연은 반복된 시어 영탄법으로 이별의 아픔과 그리움의 서러움, 3연은 삶의 의미 상실과 허탈감의 강조, 4연은 이승과 저승의 거리감(承·轉/중장/본문소재), 마무리 5연은 임의 죽음을 인정할 수 없어 죽어서라도 임을 찾겠다(結/종장/결미소재)는 의미부여로 설음을 절규하고 있다.

이 시에서 사랑은 아픔을 채워 노래 부르게 하고, 아픔이 더 이상 고통이 되지 않도록 극한을 묘사하고 있다.

(2) 서사시

서사시는 객관적 사실을 이야기한 시로서, 어원은 희랍어 'epos'의 '이야기'를 의미한다. 역사적 사건이나 영웅 이야기 내용을 객관적으로 서술하는 시로서, 고대 그리스호메로스의 《《일리아드와 오디세이》》는 모두 산문이 아니라 운문으로 지어진 대표적 서사시이다.[5]

서사시의 주요 내용은 트로이 전쟁과 같은 민족의 역사나 전쟁영웅 오디세우스가 여러 어려움을 극복하고 마침내 고향으로 되돌아오는 것 같은 영웅 이야기로 되어 있다.

우리나라도 고려시대 이승휴의 《《제왕운기》》, 이규보의 《《동명왕편》》 서사시가 있고, 현대는 신동엽의 《《금강》》과 고은의 《《백

두산〉〉 김지하의 〈〈오적〉〉 등이 있다. 김지하가 판소리를 현대적으로 계승하여 새로운 형식의 담시로 썼는데, 이시는 이야기 시로서 서사시라 할 수 있다.

금강(제17장)

관아는 텅 비어 있었다
조병갑은 어제 밤 벌써
전주로 도망갔고
이속들도 쥐구멍 속 다
숨었다.

옥을 부셨다
뼈만 남은 농민들이 기어 나와
관아에 불을 질렀다
무기고를 부셨다
석류 알 같은 3천 석의
쌀이 썩고 있었다

무기도 부셨다
열한 자루의 일본도
스물두 자루의 양총
6백 발의 탄환이 나왔다
동학군은
대오를 정돈했다
인원을 점검하니 3천이 늘어서 8천명
전봉준을 둘러싼

---

5) 조태일 외. 전게서 pp116~119

수뇌진에서는
동학 농민당 선언문을 작하여
각 고을에 붙였다.

- 신동엽, 〈금강〉 중에서[6]

〈금강〉 서사시는 인물과 사건을 이야기 형식으로 묘사하고 있다. 이 작품은 동학운동이 상징하는 민족적 수난과 고통의 과정을 통하여 역사의 비극성을 새로이 인식하게 해준다.

주제는 부당한 역사에 대한 민중의 저항정신으로 동학농민 혁명이며, 각 소재에서 시작 1연은 관아를 쳐들어간 민중과 도망친 지배계층, 중간 2연은 분노로 옥을 부수고 관아에 불을 지르는 상황, 마무리 3연은 창고와 무기고를 부수고 농민혁명의 대오를 다시 갖추는 민중들의 저항적 현실을 서사했다.

오 적

시(詩)를 쓰되 좀스럽게 쓰지 말고 똑 이렇게 쓰랏다.
내 어쩌다 붓끝이 험한 죄로 칠전에 끌려가
볼기를 맞은 지도 하도 오래라 삭신이 근질근질
방정맞은 조동아리 손목 댕이 오물오물 수물수물
뭐든 자꾸 쓰고 싶어 견딜 수가 없으니, 에라 모르것다
볼기가 확확 불이 나게 맞을 때는 맞더라도
내 별별 이상한 도둑이야기를 하나 쓰것다……

서울이라 장안 한복판에 다섯 도둑이 모여 살았것다.
남녘은 똥 덩어리 둥둥
구정물 한강 가에 동빙고동 우뚝
북녘은 털 빠진 닭똥구멍 민둥
벗은 산 만장아래 성북동 수유동 뾰족
남북 간에 오종종종 판잣집 다닥다닥
게딱지 다닥 코딱지 다닥 그 위에 불쑥
장충동 약수동 솟을대문 제멋대로 와장창
저 솟구싶은 대로 솟구쳐 올라 삐까번쩍
으리으리 꽃 궁궐에 밤낮으로 풍악이 질펀 떡치는 소리 쿵떡
예가 바로 재벌, 국회의원, 고급공무원
장성, 장차관이라 이름하는,
간땡이가 부어 남산만하고 목 질기기는 동탁배꼽 같은
천하흉포 오적(五賊)의 소굴이렸다........
— 김지하, 〈오적:五賊〉 일부[7]

〈오적〉은 전통적 해학과 풍자로 짜인 이야기 시이다.

오적의 주제는 부정부패를 일삼아 나라를 좀먹는 오적에 대해 비판하고, 각 소재는 1970년대 초에 한국사회의 지배계층인 재벌, 국회의원, 고급공무원, 장성, 장차관이란 다섯 도둑들에 부정부패의 실상을 고발하고 풍자하고 있다.

시인은 어느 맑게 개인 날 오적의 무리들이 벼락을 맞아 급살하고, 육공(六孔)으로 피를 토하며 꺼꾸러졌다는 이야기를 전하며 부패권력의 비극적 종언을 무섭고도 통렬하게 풍자하고 있다. '오적'

---

6) 신동엽 〈신동엽시집금강〉 창작과 비평사, 2017 참조
7) 김지하 〈오적〉 아킬라미디어, 2016 참조

발표 직후인 그 해에 '오적필화사건'으로 구속되어 투옥된 김지하 시인은 1970년대 저항시인의 대명사가 됐다.

(3) 극시

극시는 소설적 내용의 산문을 대화나 독백 등으로 운문인 시의 형식으로 표현한 시이다. 대사가 연극 대본과 같이 극의 형식을 빌리거나 극적인 수법을 사용하여 시로 전개하는 가극이 된다.

고대는 연극을 할 때에 그 대사가 전부 시로 쓰였다. 그러나 산문 형식이 등장하면서 오늘날에는 극시가 희곡으로 변화되었다.

나. 형태에 따른 유형

(1) 정형시

정형시는 형태가 고정적으로 정해진 작품으로서, 초장-중장-종장으로 혹은 시어의 음절수를 3·4·3·4… 등 일정하게 배열한 형식을 갖추고 있는 시조 등이 있다.[8]

정형시는 시상 전개에 안정감을 부여하고 독자가 주제를 예측할 수 있다는 장점은 있으나 자유스러운 표현에 한계가 있다.

정형시는 각 나라마다 가지고 있으며, 서양의 소네트·중국의 율시·일본의 단가, 한국의 고시조 및 현대시조 등이 있다.

<u>이몸이</u>　<u>죽어죽어</u>　<u>일백번</u>　<u>고쳐죽어</u>
　3　　　4　　　3　　　4
<u>백골이</u>　<u>진토되어</u>　<u>넋이라도</u>　<u>있고없고</u>
　3　　　4　　　4　　　4
<u>임향한</u>　<u>일편단심</u>　<u>가실줄이</u>　<u>있으랴.</u>
　3　　　4　　　4　　　3

― 정몽주 〈단심가〉 전문 ―

청산리 벽계수야 수이감을 자랑마라
일도창해 허면 다시 오기 어려워라
명월이 만공산 허니 쉬어간들 어떠리.

― 황진이, 〈벽계수〉 전문

　정몽주 〈단심가〉는 전통적인 정형시로 일정한 음절의 수에 따른 읽기와 비슷한 소리가 규칙적으로 반복된 운율(리듬)로 구성되어 있다.
　조선 중기의 기생 황진이〈벽계수〉 시도 정형시로서, 표면적으로는 흐르는 시냇물이 바닷물이 되어 바다에 이르면 다시 못 오게 되니 쉬어 가라는 것이지만, 벽계수를 유혹하는 속뜻을 담고 있다.
　벽계수야, 물이 바다에 닿으면 돌아오기 어려우니 달빛이 가득할 때 나와 함께 쉬어감이 어떻겠느냐고 유혹을 하고 있다.

---

8) 박명용, 〈오늘의 현대시작법〉 푸른사상, 2008, pp76~77

시조는 고려시대부터 싹이 터 조선시대는 평민부터 왕까지 두루 창작하였으며, 오늘날에는 국민문학이라며 1920년부터 지어진 시조는 현대시조라고 한다.

산이여, 목 메인 듯
지긋이 숨죽이고
바다를 굽어보는
먼 침묵은
어쩌지 못할 너 목숨의
아픈 견딤이랴.

너는 가고 애모(愛慕)는
바다처럼 저무는데
그 달래임 같은
물결소리 내 소리
세월은 덧이 없어도
한결같은 나의 정(情)

— 이영도, 〈황혼에 서서〉 전문[9]

〈황혼에 서서〉는 사랑하는 사람을 여의고 바닷가에 홀로 서서 그리움에 목메어 우는 애모가 주제가 되며, 시조시인 이영도가 청마 유치환이 세상을 떠난 후에 사무친 사랑을 담은 현대시조이다.

각 소재에서 시작 1연은 산과 바다를 비유하여 아픔을 담았고, 마무리 2연은 사랑하는 사람에 대한 한결같은 애정을 담았다.

즉 자연에 자신의 사랑을 비유하며, 임을 향한 변함없는 사랑을 노래하고 있다.

(2) 자유시

자유시는 정형시와 같이 일정한 형식이 없이 리듬감을 갖고 쓰는 시이다.

시는 행과 연을 구분하여 쓰고 싶은 시어들을 운율있게 자유롭게 배열하여 의미의 확대와 축소, 감정의 적절한 묘사로 대부분의 현대시는 자유시에 해당 된다.

우리나라는 1908년 이후부터 자유시가 창작되어 최남선의 〈해에서 소년에게〉는 한국의 최초 자유시라고 하지만, 김소월의 〈진달래꽃〉부터란 주장도 있다.

처........ㄹ썩, 처........ㄹ썩, 척, 쏴..........아.
때린다, 부순다, 무너 버린다.
태산 같은 높은 뫼, 집채 같은 바윗돌이나.
요것이 무어야, 요게 무어야.
나의 큰 힘이 아니냐, 모르느냐, 호통까지 하면서
때린다, 부순다, 무너 버린다.
처........ㄹ썩, 처........ㄹ썩, 척, 튜르릉, 꽉.

— 최남선 〈해에서 소년에게〉 중에서[10]

---

9) 이영도, 〈비둘기 내리는 뜨락〉 민조사, 1966참조
10) 박명용, 전게서, pp215~231

나보기가 역겨워
가실 때에는
말없이 고히 보내드리우리다.

영변에 약산
진달래꽃
아름따다 가실길에 뿌리우리다.

가시는 걸음걸음
놓인 그 꽃을
사뿐히 즈려밟고 가시옵소서.

나보기가 역겨워
가실 때에는
죽어도 아니 눈물 흘리우리다.
― 김소월 〈진달래꽃〉 전문[11]

최남선 〈해에서 소년에게〉는 형식에 구애 됨이 없이 청각적 이미지(처…ㄹ썩)와 시각적 이미지(때린다, 부순다) 등으로 표현하고 있다.

김소월의 〈진달래꽃〉 시도 시의 배열이나 음절이 고정되지 않고, 시어가 준 의미나 정서의 변화가 자유롭게 운율감(리듬)을 갖고 다양하게 행과 연으로 구성하여 만들어진 시이다. 오늘날 많은 시들은 자유시로 창작하고 노래한다.

(3) 산문시

산문시는 시적인 내용을 산문의 형태로 표현하는 시를 말한다. 행과 연의 구분도 사라져 산문처럼 서술된 시로서, 동일한 어조를 반복하거나 동일한 음운을 반복하여 일정한 리듬을 살릴 수 있다. 산문시는 행이나 연이 아닌 문단으로 나누어진다.

- 신 부 -

신부는 초록 저고리 다홍치마로 겨우 귀밑머리만 풀리운 채 신랑하고 첫날밤을 아직 앉아 있었는데 신랑이 그만 오줌이 급해져서 냉큼 일어나 달려가는 바람에 옷자락이 문돌쩌귀에 걸렸습니다. 그것을 신랑은 생각이 또 급해서 제 신부가 음탕해서 그 새를 못 참아서 뒤에서 손으로 잡아당기는 거라고 그렇게만 알 곤 뒤도 안 돌아보고 나가 버렸습니다. 문돌쩌귀에 걸린 옷자락이 찢어진 채로 오줌 누곤 못 쓰겠다며 달아나 버렸습니다.

그리고 나서 40년인가 50년이 지나간 뒤에 뜻밖에 딴 볼일이 생겨 이 신부네 집 옆을 지나가다가 그래도 잠시 궁금해서 신부 방문을 열고 들여다보니 신부는 귀밑머리만 풀린 첫날밤 모양 그대로 초록 저고리 다홍치마로 아직도 고스란히 앉아 있었습니다. 안쓰러운 생각이 들어 그 어깨를 가서 어루만지니 그때서야 매운재가 되어 폭삭 내려앉아 버렸습니다. 초록 재와 다홍 재로 내려앉아 버렸습니다.

- 서정주 〈신부〉 전문[12]

---

11) 김소월. 전게서 참조
12) 서정주 〈질마재 신화〉 은행나무. 2019 참조

〈신부〉는 전북고창의 고갯마루(질마재 신화)에 얽힌 사연으로서, 신부의 정절을 담은 산문시이다. 주제는 신부의 정절이 되며, 각 소재는 첫날밤의 신랑의 오해, 신랑신부의 이별, 신부가 재가 된 기다림이다.

즉 시작 1단은 순간적 오해로 신부를 버리고 달아난 경솔한 신랑을 탓하고, 마무리 2단은 달아난 신부가 기다리다가 재가 된 절개를 부각시킨 산문시이다.

'신부'는 '매운재'에서 겉으로는 약해 보이지만, 안으로는 강인한 전통적인 여인의 모습을 묘사했고, 초록 재(초록저고리)와 다홍 재(다홍치마)로 비유하여 현실적인 열녀를 넘어서 초월적이고 영적인 세계를 형상화하고 있다.

다. 목적에 따른 유형

(1) 순수시

순수시는 문학이 정치적·사회적·도덕적·종교적 참여를 자제하고 순수한 문학의 형식적인 아름다운 세계만을 추구하는 시이다. 순수시는 예술성을 추구하는 대부분의 시가 해당 된다.

오월

들길은 마을에 들자 붉어지고
마을 골목은 들로 내려서자 푸르러진다
바람은 넘실 천(千)이랑 만(萬)이랑
이랑이랑 햇빛이 갈라지고
보리도 허리통이 부끄럽게 드러났다
꾀꼬리는 여태 혼자 날아 볼 줄 모르나니
암컷이라 쫓길 뿐
수놈이라 쫓을 뿐
황금 빛난 길이 어지럴 뿐
얇은 단장하고 아양 가득 차 있는
산봉우리야 오늘 밤 너 어듸로 가 버리련?

— 김영랑 〈오월〉 전문[13]

〈오월〉은 5월의 아름다움을 자연을 예찬한 시로서, 연 구분이 없이 단연으로 구성된 서정시·자유시로서 순수시가 된다.

주제는 5월에 느끼는 생명력과 아름다운 모습을 예찬하고, 각 소재에서 시작 1행-2행은 짙푸른 들판 풍경(起/초장/서두소재), 중간 3행-9행은 바람의 출렁거림과 싱그러운 보리의 모습(承·轉/중장/본문소재), 마무리 10행-11행은 꾀꼬리의 정겨운 모습과 보리의 자태(結/종장/결미소재)가 의미부여의 회화적 이미지로 잘 나타나 있다.

---

13) 김영랑 〈김영랑시집〉 부크크. 2019 참조

(2) 참여시

참여시는 문학이 사회문제를 해결하는데 적극적으로 참여해 대응해야 한다는 발상으로 창작된 작품이다.

참여시는 목적의식을 중시한 시로서, 김수영 시인은 〈풀〉을 주제로 해서 노동조건에 열악함의 고발과 개선을 위한 노동운동 참여를 위한 시이다.

풀이 눕는다
비를 몰아오는 동풍에 나부껴
풀은 눕고
드디어 울었다
날이 흐려서 더 울다가
다시 누웠다

풀이 눕는다
바람보다도 더 빨리 눕는다
바람보다도 더 빨리 울고
바람보다도 먼저 일어난다

날이 흐리고 풀이 눕는다.
발목까지
발밑까지 눕는다.
바람보다 늦게 누워도
바람보다 먼저 일어나고
바람보다 늦게 울어도

바람보다 먼저 웃는다.
날이 흐리고 풀뿌리가 눕는다.

-김수영, 〈풀〉 전문[14]

〈풀〉은 주제를 풀의 강인함을 느끼고 아무리 어려움이 닥쳐도 결코 연약하지 않은, 오히려 강건한 풀의 모습이 되자는 열망이다.

풀과 바람이 대립관계를 이루고 있다. 단순히 '눕다'·'일어나다'·'울다'·'웃다'라는 4개의 동사가 반복되어 시의 주류를 형성하고 있다.

시의 핵심어인 '풀'과 '바람'의 상징성에서 '풀'은 가난하고 억눌려 사는 민중의 상징이고, '바람'은 민중을 억누르는 지배세력의 상징으로 묘사했다.

각 소재에서 시작 1연은 '풀'이 눕고 울다가 또 눕는 것은 흐린 날에 비를 몰아오는 '바람' 때문이라 하고 있다. 어두운 현실에서 억눌리며 사는 민중의 삶을 '풀'에다 비유한 것이다.

중간 2연은 '풀'이 '바람'보다 먼저 눕고 울고 일어나는 움직임을 보이고 있는데, 이는 지배세력에 눌려 사는 민중의 굴욕적인 삶을 이렇게 표현한 것이다. 마무리 3연에서도 날은 흐리고 '풀'이 눕고 일어나고 웃고 우는 것이 바람과는 무관하게 엇갈린 모순을 보이고 있다. 그런데 '풀'이 발밑까지 눕는다는 것이 다를 뿐이다.

---

14) 김수영 〈김수영 전집〉 민음사, 2018 참조

가난하고 억눌린 민중이 발밑까지 짓밟힌다는 것으로, 어두운 시대를 살아가는 민중의 강인한 생명력을 '풀'의 이미지를 매개로 하여 노래하고 있다.

시는 실제나 관념의 세계를 노래한 것으로서, 상상력을 중심으로 시를 쓰는 낭만주의 시풍이었는데, 오늘날은 체험으로서 직접적이나 간접적인 경험을 통해 시를 쓰는 매우 사실주의 풍의 시가 있다.

라. 경향에 따른 유형

(1) 주정시

주정시는 주관성과 서정성이 직접적으로 내포된 시로서, 개인의 정감과 정서를 담은 시이다.

모란이 피기까지는,
나는 아직 나의 봄을 기다리고 있을 테요.
모란이 뚝뚝 떨어져 버린 날,
나는 비로소 봄을 여읜 설움에 잠길 테요.
오월 어느 날, 그 하루 무덥던 날,
떨어져 누운 꽃잎마저 시들어 버리고는
천지에 모란은 자취도 없어지고,
뻗쳐오르던 내 보람 서운케 무너졌으니,

모란이 지고 말면 그뿐, 내 한 해는 다 가고 말아.
삼백예순 날 하냥 섭섭해 우옵내다.
모란이 피기까지는,
나는 아직 기다리고 있을 테요, 찬란한 슬픔의 봄을.
- 김영랑, 〈모란이 피기까지〉 전문[15]

〈모란이 피기까지는〉시의 주제는 봄을 기다리는 소망과 봄을 보내는 서정의 마음을 담은 주정시이다. 이 시는 연 구분이 없이 12행의 단연 시이다.

모란은 봄·소망·보람의 의미를 담는 삶의 가치로 모란이 피는 기쁨과 모란이 지는 슬픔 시간을 복합적으로 묘사한 주제의 시이다.

각 소재로서 시작 1행-2행은 모란이 필 때까지 기다림(起/초장/서두소재), 중간 3행-10행은 피고 지는 과정에서 화자의 기쁨과 슬픔 순간들 회상(承·轉/중장/본문소재), 마무리 11행-12행은 모란이 다시 피고 지드라도 여전히 모란이 필 봄을 기다리겠다(結/종장/결미소재)에 찬란한 슬픔이라는 역설로 의미부여를 했다.

모란이 지는 슬픔을 알면서도 모란이 피는 기쁨이 있기에 모란에 대한 기다림을 버리지 않겠다는 주정을 희망의 의미부여로 승화시켰다.

---

15) 김영랑 〈모란이 피기까지〉 잇끌림. 2016 참조

(2) 주지시

주지시는 주정시에 비해 객관성과 지적인 측면을 중시하고 직접적인 진술이 아닌 간접적인 정감과 정서를 통해 환기시킨 방법으로서, 현대문명이나 사회현실에 대한 비판적 태도를 보인 내용의 시이다.

> 푸른 하늘을 제압하는
> 노고지리가 자유로왔다고
> 부러워하던
> 어느 시인의 말은 수정되어야 한다
>
> 자유를 위해서
> 비상하여본 일이 있는
> 사람이면 알지
> 노고지리가
> 무엇을 보고
> 노래하는가를
> 어째서 자유에는
> 피의 냄새가 섞여있는가를
> 혁명은
> 왜 고독한 것인가를
>
> 혁명은
> 왜 고독해야 하는 것인가를
>
> —김수영, 〈푸른 하늘을〉 전문[16]

〈푸른 하늘을〉은 1960년 4·19혁명 후에 발표된 시로서, 어두운 시대에 정의와 자유를 지키는 것은 피, 즉 주제는 희생이 필요하다는 주지시이다.

각 소재에서 시작 1연은 하늘을 누리는 노고지리가 자유로웠다는 말은 잘 못된 생각으로 수정(起/초장/서두소재)되어야 한다.

중간 2연은 그 이유로서 노고지리가 무엇을 보고 노래하고 있는지, 비상의 자유를 얻기 위해 얼마나 많은 피를 흘렸고 외로운 것인지(承·轉/중장/본문소재)알아야 한다.

마무리 3연은 혁명의 성공을 위해서 스스로 고독해져 더욱 채찍질하고 언행을 조심(結/종장/결미소재)해야 한다며 의미를 부여한 주지시이다.

즉 김수영 시인은 "시를 쓴다는 것은 '머리'로 하는 것이 아니고, '심장'으로 하는 것도 아니고, '몸'으로 하는 것이다. '온몸'으로 밀고 나가는 것이다. 정확하게 말하자면, '온몸'으로 동시에 밀고 나가는 것이다."라고 시적인 높은 사유와 날카로운 현실에 질문하며 써온 시인이다.

(3) 주의시

인간의 정신세계에서 강한 의지의 측면을 중시한 시이다.

---

16) 한국문인협회 도봉지부 〈서울 도봉문학인〉 2019. pp100~101

- 바위 -

내 죽으면 한 개의 바위가 되리라
아예 애린에 물들지 않고
희로에 움직이지 않고
비와 바람에 깎이는 대로
억년 비정의 함묵에
안으로 안으로만 채찍질하여
드디어 생명도 망각하고
흐르는 구름
머언 원뢰
꿈꾸어도 노래하지 않고
두 쪽으로 깨뜨려져도
소리하지 않은 바위가 되리라

— 유치환, 〈바위〉 전문[17]

〈바위〉는 삶의 근원적 문제를 스스로 이해하고 다듬어가는 남성적인 주의시가 된다.

시의 주제는 삶의 소망과 고뇌가 되며, 소재는 죽으면 한 개의 바위가 되어 비바람이나 천둥에도 끔쩍하지 않은 삶에 소망과 의지를 담고 있다.

각 소재에서 시작 1행은 '내 죽으면 한 개 바위가 되리라'(起/초장/서두소재)하고, 중간 2행에서 8행까지는 모든 감정과 번뇌에서 초탈해 어떠한 자극에도 아무런 흔들림도 일으키지 않겠다는 강인한 의지적 선언의 이유를 노래(承 · 轉/중장/본문소재)한 것이다.

마무리 9행에서 12행까지는 바위의 주제를 다시 한 번 확인(結/종장/결미소재)으로 의미부여를 했다. 스스로가 깨뜨려지는 아픔 속에서도 한 마디 소리조차 하지 않는 바위가 되기를 의지적으로 선언하는 것이다.

이 시는 바위에 비유해 번민과 고뇌를 통해 보다 균형 잡힌 삶과 이상을 그리고자 한 시적 노력의 묘사들이다. 그 밑바닥에 생명의 뜨거운 꿈틀거림과 감정의 소용돌이를 간직한 것들 때문일 것이다.

3. 시의 대상

시적 대상은 자연적 · 인간적 · 상상적인 모두가 시의 대상으로 형상화 될 수 있다.[18]

가. 자연의 생태

모든 자연을 주제 및 소재로 한 생태학적 상상력의 시이다.

> 그믐달이 떳 네
> ……
> 마른 포도덩굴
> 뻗어가는 담벼락에

---
17) 유치환 〈생명의 서〉 행문사. 1947 참조
18) 이지엽, 〈현대시창작강의〉 고요아침. pp83~121

> 고양이 같은 눈
> 너의 실눈
>
> — 박현준, 〈그믐달〉 부분

자연을 주제로 했을 때 그려진 소재는 새롭게 형상화하는 것이 좋다.

그믐달이란 주제가 대상일 때 소재는 '고양이와 같은 눈'으로 묘사되었는데, 시적 대상에서 자연생태학적 상상력은 좋은 비유가 된다.

나. 일상의 이야기

일상적인 이야기를 주제나 소재로 한 시이다.

> …. 복사꽃 저리 환하게 핀 것이
> 혼자 볼랑 께 영 아깝다야…….,
>
> — 이지엽 〈해남에서 온 편지〉 중에서

시인은 해남 답사 길에서 학생들과 함께 수녀가 된 제자집의 텃밭에 핀 꽃들과 늙으신 어머니 한분만이 집을 지키고 있는 안타까운 일상의 이야기를 소재로 묘사했다.

다. 역사의 사실

지나간 역사적 사실이나 인물은 오늘을 들여다보는 중요한 거울이 될 수 있기 때문에 시의 주제 및 소재가 된다.

라. 사물의 대상

다양한 유형의 시를 쓰기위해서는 여러 사물이나 동식물 등의 특정 대상을 주제 및 소재로 묘사해 구성하는 노력이 필요하다.

마. 추상의 관념

추상적이고 관념적인 사랑이나 그리움, 추억이나 기억, 기쁨과 슬픔, 곱다와 밉다 등의 핵심 대상을 주제 및 소재로 짚어 밝혀내야할 시이다.

> 때로는 그 중 깊은 곳
> 못질한 추억
> 녹슨 철 못을 뽑아내는
> 초성능 자력이다가
> 더러는
> 극과 극 사이에
> 반목된 야생마
>
> — 박진환, 〈그리움〉 중에서

'그리움'이란 추상적인 주재를 '녹슨 철 못을 뽑아내는 초 성능 자력'이란 소재로 구체화하고 있다.

4. 시의 3대 요소

시의 3대 요소는 주제·심상·운율이다.
① 주제(제목)는 시가 담고 있는 중심 사상이나 내용으로서, 주제는 소재로 구체화되어 표현하고 전달한다.
② 심상은 상상을 통해 마음속에 떠오르는 다양한 사물이나 느낀 이미지로서, 추상적인 개념이나 복잡한 감정을 시적 언어로 표현한다.
③ 운율은 음악적 요소로서 시에 흐르는 리듬과 울림이 되며, 다음 장에서 구체적 내용들은 다시 설명할 것이다.

이와 같이 3대 요소인 주제·심상·운율이 잘 조합된 시는 자신을 찾고 위로하며 새로운 희망으로 행복하게 한다.

5. 화자와 어조

시에는 시 속에 말하는 사람으로서 화자가 있고, 듣는 사람의 청자가 있는데 시에서 화자와 청자의 관계는 시 구성에서 중요한 요소가 된다. 어조는 시에서 말하는 사람의 목소리로서, 시인의 개성과 태도가 담겨 있다. 시적 화자가 지니는 말투로서, 남성적·여성적·고백적 등의 언어의 선택이나 표현방법으로 나타낸다. 시인은 시 속에 화자를 어떻게 설정하느냐에 따라 언어의 선택, 표현방법, 어조에 따라 달라진다.

 화자의 기능은 ① 시의 상상적인 세계를 확대할 수 있고, ② 시의 주제를 구체적 소재로 다양하게 묘사할 수 있고, ③ 작품 속의 배경을 시간적·공간적인 의미의 과거-현제-미래 시제로 생생하게 표현할 수 있다.

II
시를 어떻게 표현할 것인가

Ⅱ. 시를 어떻게 표현할 것인가

1. 시어

가. 시어란

 시어는 시에 쓰인 말이나 단어로서, 사전적 의미 및 정보나 사실의 전달에 중점을 두고 운율감이 느껴지지 않는 일상 언어가 아니다. 시는 압축의 원리로 함축적·정서적인 감동전달을 위한 상징적·애매한 비유적 의미를 지니면서 운율감(리듬감)을 느끼는 언어이다.

나. 산문이 아닌 운문으로 표현

 시적표현은 시 창작을 위해 필수적이다. 시는 무엇을 설명하는 '산문'이 아니고, 암시성이나 운율성의 '운문'으로 표현을 해야 한다. '나는 너를 사랑 한다'의 시적 표현은 이렇게 할 수 있다.

    파도야 어쩌란 말이냐
    파도야 어쩌란 말이냐
    임은 뭍같이 까딱 않는데

파도야 어쩌란 말이냐
날 어쩌란 말이냐.

– 유치환, 〈그리움〉 전문[19]

'나는 너를 사랑한다.'의 주제의 산문적 표현을 '님은 뭍같이 까딱 않는데 파도처럼 들이치며 깨어지는 자신은 어쩌면 좋느냐'는 님을 사랑하는 절절한 마음을 뭍과 파도의 소재로 시적 표현되었다.

즉 뭍은 누구이고 파도는 누구인가?

시적 표현 관점에서 상상과 감정에 관여하는 운문 언어이고, 산문은 체험과 느낌에 관여한 언어로 구성된다.

다. 정보전달을 넘어 정서의 상상력 표현

시어는 어떤 정보전달을 위한 사실적인 말의 나열이 아니라, 어떤 상상을 통한 심리적 태도의 정서적 언어이다.

사랑하는 사람을 땅에 묻었을 때에 그 마음을 말하라면, "나는 슬프다"의 표현보다는 "아, 찢어지는 이 가슴" 혹은 "내 가슴에 꽃씨를 묻듯 그녀를 보냈어. 곱게 썩어서 내 가슴에 꽃 피게 해달라고" 이 정서적(서정적) 언어가 시적 표현이 된다.

이 같이 시적 표현은 정보전달에 따른 언어의 정확성과 질서화, 논리화를 넘어선 정서의 상상력과 환기로 직관성, 애매성, 비논리성 등으로 표현하는 것이다.

---

19) 유치환 〈유치환 시선〉 지식을 만드는 지식, 2012 참조

2. 시어의 특성

가. 서정성

시에서 언어는 일상어와 달리 유별난 뜻을 지닌 서정성을 지닌다.

서정성은 정확한 의사전달 수단으로서의 사용이 아니라 감정을 전달하기 위해 쓰인다.

시에서 감정과 기분을 표현하고 독자들에게 환기시키는 방법은 언어를 서정적으로 함축적으로 활용하여 분위기 및 의미를 확대 · 암시 · 연상하는 작용을 보여주어야 한다.

그 예를 보면 사랑 · 보고픔 · 그리움에는 많은 사연의 서정성을 담고 있다.

시인 청마 유치환(1908~1967)과 시조시인 정운 이영도 (1916~1976)의 사랑과 그리움의 서정성있는 '플라토닉 러브'는 잘 알려진 연애사 이야기이다.

특히 청마가 1947년부터 1967년 교통사고로 사망할 때까지 거의 하루도 빠짐없이 정운에게 보낸 5천여통의 편지에서 200여통을 골라 엮은 〈사랑했으므로 행복하였네라〉 내용은 많은 서정을 담고 있다.

어느 날 청마가 보낸 사랑과 보고픔이 담긴 서정의 분위기를 암시하고 연상할 수 있는 '그리움"이란 시를 받고, 정운도 같은 제목으로 마음을 전했다.[20]

오늘은 바람 불고
나의 마음은 울고 있다
일찍이 너와 거닐고 바라보던 그 하늘 아래 거리건마는
아무리 찾으려도 없는 얼굴이여
바람 센 오늘은 더욱 너 그리워
긴 종일 헛되이 나의 마음은
공중의 깃발처럼 울고만 있다
오오 너는 어디에 꽃같이 숨었느뇨.

– 유치환 〈그리움〉

생각을 멀리하면
잊을 수도 있다는데
고된 살음에
잊었는가 하다가도
가다가
월컥 한 가슴
밀고 드는 그리움.

– 이영도 〈그리움〉 전문

  오늘날까지 청마와 정운은 '플라토닉 러브'로 잘 알려져 있다.
  '플라토닉 러브'는 고대 그리스 철학자 플라톤이 말한 "육체적인 관계를 배제하고, 오로지 깊은 신뢰와 존경에 지적이고 우정의 형태인 정신적인 교감을 중시한 순수하고 강한 사랑으로서, 서로 주고받은 시속에 깊은 그리움의 서정성을 표현하고 있다.

---

20) 파이낸셜 뉴스 〈사랑했으므로 행복하였네라〉 2024. 5. 3 참조

나. 함축성

산문은 '축적의 원리'에 의한 '설명'이지만, 시는 '압축의 원리'에 의한 '암시성'으로 독자의 상상과 유추를 유도할 수 있는 함축성의 특성이다.

다. 애매성

시는 언어를 지시적으로 사용하는 과학적 산문이나 논문과는 달리 함축적인 애매성을 지닌 다양한 묘사와 비유 등으로 신선하고 새로운 의미를 찾게 한 것이다.

> 한 잔의 술을 마시고
> 우리는 버지니아 울프의 생애와
> 목마를 타고 떠난 숙녀의 옷자락을 이야기한다.
> 목마는 주인을 버리고 그저 방울소리만 울리며
> 가을 속으로 떠났다. 술병에서 별이 떨어진다.
> 상심한 별은 내 가슴에 가벼웁게 부숴진다.
> — 박인환, 〈목마와 숙녀〉에서[21]

시어는 무엇을 증명하거나 설명하기 위한 차원을 너머서, 심적 태도를 표현하기 위한 언어이다.

시인은 〈목마와 숙녀〉에서, 목마는 떠나가는 것들에 대한 불안, 절망, 애상의 상징물로서 애매성을 담고 있다.

즉 모든 의미있는 존재들이 떠나고 부서져서, 별이 술병에서 떨어지고, 술병에 떨어진 상심한 별은 '내 가슴에 가볍게 부서진다.'는 비논리성·함축성·애매성으로 비유하여 서정적 반응을 표현하고 있다.

라. 문맥성

언어가 갖는 의미는 표현방법에 따라 사전적 의미도 있지만, 시어로 새로운 내포적 의미로 사용한다.

즉 눈물이라는 언어는 '어떤 자극으로 눈에서 흘러나오는 투명한 액체의 사전적 의미도 되지만, '눈물에 호소한다.' '눈물 없이 빵을 먹어 본 사람과는 이야기하지 말라'는 문맥성에서 눈물의 의미는 전자는 인정을 의미하고, 후자는 역경과 고생 고난 등을 의미로 표현한 것이다.

3. 시와 상상력

가. 상상력이란

상상력은 과거에 보고 듣고 겪었던 어떤 사물이나 현상에 관하여 마음속에서 다시 생각해내는 일이나 그려보는 정신적인 내면의 힘을 말한다.[22]

---

21) 박인환 〈목마와 숙녀〉 글로벌콘텐츠, 2018 참조
22) 박명용. 오늘의 현대시 작법. 서울. 푸른사상. 2008. PP79-90

상상력은 사물이나 형상을 재구성하여 새로운 어떤 모습으로 형상화 할 수 있는 가장 중요한 도구로서, 시가 탄생한 길은 자나온 체험들의 파편이 상상과 결합하여 나오게 된다. 이때 시는 체험적 요소가 약 20~30% 작은 함량이라면, 나머지는 상상력이란 큰 함량으로 모두 채워져야 한다. 그 반면에 수필은 체험적 요소가 약 70~80% 큰 함량이라면, 나머지는 작은 함량의 상상력(느낌 및 의미부여)으로 완성되는 차이점이 있다.[23]

즉 시는 오직 상상의 언어이며 상상의 표현으로서, 셰익스피어는 〈한 여름 밤의 꿈〉에서 상상력의 기능을 다음과 같이 말하고 있다.

> 시인은 이글이글 타는 눈알을 굴리며
> 하늘 위 땅 밑을 굽어보고 쳐다 보아
> 상상력이 알지 못하는 사물들의 모양을 드러내면
> 시인의 붓은 그에 따라
> 공허한 것에 육체를 주고
> 장소와 이름을 정해 준다.

이 같이 상상력은 알지 못하는 사물들, 보이지 않는 것을 보이게 하는 기능을 갖게 된다. 따라서 시인은 사물을 관조하고, 그것을 상상력으로 변용하여 '새롭고 낯설게 변화'시켜 바라보고 표현할 수 있어야 한다.

---

23) 채수영 〈한국문학의 평행이론〉 국보문학. 2018. pp94~100

나. 상상력의 구현 방법과 사례

일본 이또 게이찌 시인은 상상력을 구현하는 방법으로서, 사물을 보는 시각의 8가지를 제시했다.

① 나무를 그대로 본다.
② 나무의 종류와 모양을 본다.
③ 나무가 어떻게 흔들리고 있는가를 본다.
④ 나무의 잎사귀가 움직이는 모습을 세밀하게 본다.
⑤ 나무 속에 승화되어 있는 생명력을 본다.
⑥ 나무의 모습과 생명력의 상관관계에서 생기는 나무의 사상을 본다.
⑦ 나무를 흔들고 있는 바람 그 자체를 본다.
⑧ 나무를 매개로 하여 나무 저쪽에 있는 또 다른 세계를 본다.

즉 ①에서 ④까지는 나무의 외형적인 일상적·상식적 차원의 발견 및 관심을 갖는 것이다. 그렇지만 ⑤에서 ⑧까지는 보이지 않는 내면적인 상상력으로서 나무의 생명력과 생명력의 의미에 따른 비약적인 인간만사, 우주의 삼라만상을 포괄하는 '나무 저쪽에 있는 세계'를 관찰하고 교감하여 자신의 삶이나 인생에 결부시켜 의미를 부여하여 형상화하는 것이다.

상상력은 사고가 단계적으로 넓고 깊게 확장되게 하고, 또 좋은 시를 창작하기 위해서는 상상력을 많이 꾸어야 한다.

갈대가 날리는 노래다
별과 별에 가 닿아라
지혜는 가라앉아 뿌리 밑에 침묵하고
언어는 이슬방울
사상은 계절풍
믿음은 업고業苦
사랑은 피흘림
영원---너에의
손짓은
하얀꽃 갈대꽃
잎에는 피가 묻어
스스로 갈긴 칼에
선혈이 뛰어 흘러
갈대가 부르짖는 갈대의 절규다
해와 달 해와 달 뜬 하늘에가 닿아라
바람이 잠자는
스스로 침묵하면
갈대는
고독.

— 박두진. 〈갈대〉 전문[24]

　박두진 〈갈대〉 시는 갈대라는 식물에 상상력을 동원하여 날리는 노래, 별과 별, 지혜, 언어, 사상, 믿음, 사랑, 하얀 꽃, 피, 칼, 선혈, 절규, 바람, 고독이란 사물이나 비물질적인 정신세계를 창조하고 있다.

즉 가시적인 사물성만이 아니라 보이지 않는 것들까지 상상력을 통해 새로운 세계를 보게 한 것이다. 상상력은 신비로운 세계로 혹은 낯선 세계로 확장시켜 주고 새로운 의미의 지평까지 열어 주고 있다.

이 같이 상상력은 이미지를 만들어 내고, 다양한 묘사를 통합해 더욱 좋은 시를 창작하게 한다.

4. 시와 묘사

가. 묘사란

시에서 묘사와 진술은 매우 중요한 두 축으로서, 묘사와 진술의 조화는 더욱 좋은 시가 된다.[25]

묘사는 사물이나 현상이 지닌 성질이나 인상을 감각적으로 표현하는 것으로서, 시적 묘사방법은 상상력·운율·이미지·비유·상징 등의 다양한 방법으로 묘사한다. 묘사는 언어를 가시적·제시적·감각적으로 회화적인 방향으로 명료화시킨 것이다.

나. 묘사의 조건

시적인 묘사의 조건은 ① 대상의 지배적인 인상과 특징을 관찰하고 ② 자신만의 독창적인 감각을 길러야 하고, ③ 고정관념의 틀을

---

24) 박두진 〈박두진 시집〉 그도세상, 2018 참조
25) 이지엽 〈현대시 창작 강의〉 서울, 고요아침, 2014, pp451-495

벗어나 창조적인 묘사방법을 사용하고 ④ 생동감과 현장감을 살리도록 해야 한다.

다. 묘사의 실제

시적인 묘사를 잘하기 위해서는 다양한 묘사방법을 적절하게 사용해야 한다.

(1) 고정관념의 틀을 깬다.
- 태양은 눈부시다
  => 결핵에 걸린 태양은 눈부실 리가 없다
- 기린은 목이 길다
  => 목이 짧은 기린의 절망 등으로 변형시켜 외형적 묘사만 아니라 내면적 묘사로 상징성을 부여한다.

(2) 대상을 다양한 묘사방법으로 표현한다.
- 석류꽃이 붉게 피었다.
  => 석류꽃이 불덩이처럼 이글이글한 것이 그늘진 마당을 밝히고 있다.
- 수많은 말들이 푸른 들판을 달린다.
  => 수많은 말들이 물결처럼 넘실넘실 거리며 푸른 들판을 달린다.

(3) 관념어 · 추상어를 구체어로 그려낸다.

관념어 · 추상어의 불확실하고 애매한 개념 묘사도 있지만, 필요시에는 명확한 구체어로 그려 낼 수 있어야 한다.
- 오늘밤은 너무 조용하다.
    => 오늘밤은 나뭇잎 하나 까닥하지 않는다.
- 오늘밤은 너무 쓸쓸하다.
    => 오늘밤은 황혼 길에 아버지의 뒷모습을 본 듯한 마음이다.

이 같은 문장에서 '나무'와 '쓸쓸'이란 추상어를 대신해서, '나뭇잎'이나 '아버지 뒷모습'으로 느낌을 생생하게 보여 준 묘사 등 같이 다양한 구성, 문장, 문체, 묘사 방법에 따라 시적인 감동과 생동감을 줄 수가 있다.

능선이 험할수록 산은 아름답다
능선에 눈발 뿌려 얼어붙을수록
산은 더욱 꼿꼿하게 아름답다
눈보라 치는 날들을 아름다움으로 바꾸어 놓은
외설악의 저 산맥 보이는가
모질고 험한 삶을 살아온 당신은
그 삶의 능선을 얼마나 아름답게
바꾸어 놓았는가.
        - 도종환 〈산맥과 파도〉부분[26]

---
26) 이지엽 전개서 PP462~463

〈산맥과 파도〉 시는 어떤 순서로 묘사해나가는 가를 잘 보여주고 있다.

산맥과 파도라는 주제를 각 소재로 형상화하고 있다.

각 소재에서 시작 1행은 일반화되고 보편화된 "아름답다"(紀/초장/서두소재)이고, 중간 2행에서 5행까지는 좀 더 구체적이고 실제적인 예를 들어 묘사(承·轉/종장/본문소재)하고, 마무리 6행과 8행에서는 '당신'은 곧 '우리인간의 문제'로 확대묘사해 "아름답게 바꾸어 놓은 삶을 살았는가"(結/종장/결미소재)로 의미를 부여하고 있다.

묘사는 어느 부문에 무게를 두고 묘사하느냐에 따라 행과 연의 연결도 동시에 고려해야 하고, 또한 보이는 것은 물론 보이지 않는 내용까지 확대 그려 내기 위해서는 다양한 묘사방법을 사용한다.

라. 묘사와 시적 진술 사례

시적 진술은 언어의 사고를 사고의 깊이로 체험화 시키며, 사고적·고백적·해석적으로 설명한다.

딱따구리 소리가 딱따그르르
숲의 고요를 맑게 깨우는 것은
고요가 소리에게 환하게 길을
내어주기 때문이다. 고요가 제 몸을
짜릿짜릿하게 빌려주기 때문이다.

딱따구리 소리가 또 한 번 딱따그르르
숲 전체를 두루 울릴 수 있는 것은
숲의 나무와 이파리와 공기와 햇살
숲을 지나는 계곡의 물소리까지가 서로
딱, 하나가 되기 때문이다.

- 김선태, 〈딱따구리 소리〉 전문[27]

〈딱따구리 소리〉시는 각 연이 묘사와 진실을 반복하고 있다.
'딱따구리 소리가 숲의 고요를 맑게 해주고, 숲 전체를 두루 울리는 것'은 단순한 묘사에 해당되지만 그것은 각각 '고요가 제 몸을 짜릿짜릿하게 빌려주기 때문'과 나무가 이파리와 공기와 햇살', 물소리 까지가 서로 딱, 하나가 되기 때문'이라는 것은 시인의 느낌으로서 해석적 진술인 것이다.

이와 같이 묘사와 진술은 상호보완적으로 작용하여 좋은 시 창작에 기여하게 된다.

5. 시와 운율

가. 운율이란

운(韻)은 시의 행이나 연의 일정한 위치에서 같거나 비슷한 음이 규칙적으로 반복되는 언어이며, 율(律)은 소리의 강약, 고저, 장단, 또는 일정한 음절 수 등이 주기적으로 반복된 소리로서 리듬이

---

27) 이지엽 전게서, pp491~493

된다.

운율이란 시에서 음성적 형식으로서, 성조·억양·음장을 포괄하는 수사적·미학적의 리듬효과를 말한다.[28]

나. 운율방법과 사례

시를 시답게 만드는 운율방법으로서 ① 동일 음운 반복 ② 동일 음절수의 반복 ③ 의성어, 의태어의 반복 ④ 행의 반복 등 같거나 비슷한 짜임의 문장을 반복사용해서 나타낸다.

하늘엔/별이 형제
우리집엔/나와 언니
나무형젠/열매맺고
별형젠/빛을 내니

— 〈민요〉에서

날좀보소/날좀보소/날좀보소
동지섣달/꽃본듯이/날좀보소

— 〈밀양 아리랑〉에서

나보기가 역겨워
가실 때에는
말없이 고히 보내드리우리다.

영변에 약산

진달래꽃
아름따다 가실길에 뿌리우리다

가시는 걸음걸음
놓인 그 꽃을
사뿐히 즈려밟고 가시옵소서

나보기가 역겨워
가실 때에는
죽어도 아니 눈물 흘리우리다.
─김소월〈진달래 꽃〉전문[29]

〈민요〉〈밀양 아리랑〉 전통시의 운율은 대체로 3·4, 3·4조로 되었고, 또는 4·4, 혹은 5·5조로 함께 사용하여 운율을 나타낸다.

현대 자유시에서 〈진달래 꽃〉은 7·5조를 바탕으로 비슷한 운율적 시어의 반복과 음절의 반복, 그리고 행과 연의 비슷한 짜임의 운율적 구성으로 애달픈 호소력과 감동을 준다.

운율은 다양하게 변용되어 심리적 혹은 감정을 잘 살리기 위한 방법으로 사용하고 있다.

---

28) 이지엽, 전개서, pp125~147
29) 김소월 전개서. 참조

6. 시와 이미지

가. 이미지란

이미지(Image)는 심리학에서 인간의 지각과정을 설명하는 용어로서, 직접적인 신체적 지각이나 간접적인 신체적 지각에 의해 일어난 감각이 마음속에 재생된 심상(心象)을 말한다.[30]

심리학적 현상으로 인간의 의식 상태와 무의식 상태 등 기억, 상상, 꿈, 환상 등에 의하여 마음속에 떠오르는 감각적 지각 대상이 모두 이미지가 되며, 우리말로는 심상 혹은 형상이라 할 수 있다.

즉 이미지는 체험을 통해 머릿속에 저장된 감각적 지각을 재생시키는 말로서, '달빛이 비친다'의 일상어를 '달빛이 쏟아지는 소리가 들린다'라고 시각적이고 청각적 이미지로 그려넣는다. 그 이미지는 시인이 독자들에게 ① 시인의 생각하고 있는 관념 ② 시인의 실제적 경험 ③ 시인의 상상적 체험 등을 전달하고 싶을 때에 사용한다.[31]

나. 이미지의 유형과 사례

이미지는 독자에게도 신선감, 강렬성, 환기력을 호소하여 시인의 상상력에 의한 '그려진 언어의 그림'을 전달하기 위한 것으로서, 유형은 지각적 이미지, 비유적 이미지, 상징적 이미지로 구분한다.

(1) 지각적 이미지

지각적 이미지는 시각(색채 · 명암 · 동작 등) 청각(소리) 후각(향기나 악취 등), 미각(맛) 촉각(차거움 · 뜨거움 · 부드러움 등)을 통한 마음속의 재생을 갖게 한 이미지이다.

- 달은 나의 뜰에 고요히 앉아 있다.
  달은 과일보다 향그럽다.

  — 장만영, 〈달 포도 잎사귀〉에서

상기 시에서 '고요히 앉아 있다'라는 시각적 이미지와 함께 '향그럽다'는 후각적 이미지가 있다.

- 시퍼런 하늘을 찢고
  치솟아 오르는 맨드라미
  터질 듯 터질 듯
  기억의 몸짓으로 열리는 땅

  — 김지하 〈비녀산〉에서

맨드라미의 붉은 빛깔과 파란 가을하늘이 빚어낸 대조적 이미지를 시각화하고 있다. 맨드라미의 색깔이 표출하는 강렬한 내면의식이 하늘을 찢는 것으로 시각적 이미지뿐만 아니라 역동적인 힘을 느끼게 해준다.

---
30) 조태일 전게서 pp89~96
31) 이지엽. 전게서 pp149~190

(2) 비유적 이미지

비유를 통해서 제시된 심상으로 시에서 가장 많이 사용되는 이미지이다.

비유적 이미지는 직유적 심상, 은유적 심상, 제유적 심상 등 다양한 형식으로 나타나 시의 주제와 소재에 유기적인 관계를 이루고 시적 의미를 통합적으로 제시한다.

　한 송이의 국화꽃을 피우기 위해
　봄부터 소쩍새는
　그렇게 울었나 보다

　한 송이의 국화꽃을 피우기 위해
　천둥은 먹구름 속에서
　또 그렇게 울어나 보다

　그립고 아쉬움에 가슴 조이던
　머언 먼 젊음의 뒤안길에서
　인제는 돌아와 거울 앞에 선
　내 누님같이 생긴 꽃이어

　노오란 네 꽃잎이 피려고
　간밤엔 무서리가 저리 내리고
　내게는 잠도 오지 않았나 보다.
　　　　　　　　　　- 서정주 〈국화 옆에서〉 전문

〈국화 옆에서〉 시의 주제는 국화꽃의 이미지를 확장시켜 인생의 길을 의미화 한 4연의 시이다.

각 소재에서 시작 1연과 2연은 소쩍새 울음과 천둥소리인 청각적 이미지화로 젊음의 뒤안길에서 세상살이의 풍파를 함축하고 있다.

중간 3연은 거울 앞에선 누님의 시각적 이미지화로 젊은 시절의 방황과 고뇌를 통해 완숙한 경지에 이른 누님이 걸어온 인생길과 유사성을 발견하는 자신을 알게 된 것이다.

마무리 4연은 국화가 한 송이 꽃을 피우기 위해 창조의 고통을 겪듯이 인생도 많은 고뇌와 잠 못 이룬 아픔(내적 체험)을 겪어야 소원한 꽃을 피울 수 있다는 의미부여가 있는 시이다.

이 같은 비유적 이미지는 국화와 누님 같이 라는 서로 이질적인 대상이나 혹은 유사한 대상을 하나의 문맥 속에 수용해 주제와 소재로 관련시켜 유기적인 통일을 이루어 내는 것이다.

(3) 상징적 이미지

상징적 이미지는 다른 것과의 비유가 아니라 한 작가의 여러 작품 속에 되풀이 되는 추상적인 성격으로서, 작가의 세계관, 가치관을 밝히는 작업과 동일한 의미를 갖게 된다.[32]

  이것은 소리없는 아우성
  저 푸른 해원을 향하여 흔드는
  영원한 노스탤지어의 손수건
  순정은 물결같이 바람에 나부끼고

---

[32] 이지엽. 전개서 pp160~171

오로지 맑고 곧은 이념의 푯대 끝에
애수는 백로처럼 날개를 펴다.

- 유치환, 〈깃발〉 부분

유치환의 깃발은 상징적 이미지를 나타나고 있다.

'소리없는 아우성'과 '영원한 노스탤지어의 손수건'은 모두 '깃발'에 비유한 상징적 이미지이고, '물결같이 바람에 나부끼는 순정'과 '백로처럼 날개를 펴는 애수' 역시 '깃발'의 상징적 이미지인 동시에 시각적 이미지를 갖고 있다.

7. 시와 비유

시는 비유라는 말이 있다.

비유는 어떤 사물의 모양이나 상태, 성질 등을 효과적으로 표현하기 위하여 그것과 비슷한 사물에 비교하여 표현하는 언어적 방법이다.

비유의 성립조건은 표현하고자한 본래의 것인 원관념이 있고, 본래의 뜻을 보다 정확하게 전달하기 위해 효과적으로 표현하기 위해 끌어 들린 사물을 보조관념이 효과적이다.

시의 표현기교에서 가장 대표적인 것이 비유로서 직유나 은유 방법 등이 있다. 표현하고 싶은 대상은 우리가 알고 있는 사물과 비

교를 통하여 구체적인 인식으로 비유하는 시 창작의 가장 중요한 원리이다.[33]

> 도시는 커다란 어항
> 그 어항 속의 작은 어항인 빌딩도
> 실은 층층이 쌓아올린 어항이다
>
> 어디로 가나
> 나는 그 어항 속의 고기다.
> — 문덕수, 〈벽〉

〈벽〉 시에서 원관념은 '벽'이고, 이 벽을 명확하게 드러내기 위해 동원한 보조관념은 '빌딩'과 '어항'이다. 꽉 막힌 벽 속의 답답함을 구체화하여 효과적으로 표현하기 위해 제한 공간인 '빌딩'과 '어항' 등을 끌어들이고, 그 속에 고기까지 넣어 답답함을 극대화시켰다.

 이 같은 비유는 원관념과 보조관념의 유사성·동질성·이질성 등을 연관시켜 이용한다.

가. 직유

 직유는 가장 기본적인 비유이며 어느 사물을 다른 대상에 빗대어 표현하는 기교의 수사법이다.

 직유는 두 사물의 유사성을 토대로 '~ 처럼' '~ 같이' '~ 마냥' '~

---

[33] 박명용, 〈오늘의 현대시 작법〉 푸른 사상, 2008, pp114~145

듯이' '~ 만큼' '~ 인양' 등의 연결어를 써 어떤 사물을 다른 사물에 직접적으로 빗대어 나타내는 표현법이다. 그 예로 '아이들이 예쁘다'는 '아이들이 장미꽃처럼 예쁘다'는 직유방법이다. '쟁반 같은 달' 이라는 비유는 '쟁반'과 '달' 사이에 둥글다는 유사성이 있고, '유수 같은 세월' 에는 '유수'와 '세월' 사이에 끊임없이 움직인다, 라는 유사성을 발견할 수 있다.

 이 같은 유사성의 발견은 객관적 논리에 기초하지 않으며 상상적 유추를 통해 가능한 것이다. '그의 마음은 푸르다'에서 '그의 마음은 사철나무처럼 푸르다'라고 직유 한다.

  내 오늘 늙은 기러기처럼 이 땅을 지나가며
  절집만 봐도 생이 헌 옷 같고
  나라가 다 측은하다만
  혹 다시 못 오더라도
  월경처럼 붉은 꽃들아
  해마다 국토의 아랫도리를 적시고
  또 적시거라
         − 이상국, 〈겨울 남해에서〉 전문

  우리는 사랑했다 꽃과 같이
  불과 같이
  바람과 같이
  바다와 같이

  우리는 입맞추었다 끈적 끈적
  흙탕물같이

소낙비같이
장마같이
천둥같이…

— 마광수, 〈사랑〉 일부

〈사랑〉 시는 원관념의 사랑을 보조관념인 유사성이나 이질성의 직유로 반복하면서 열정적인 사랑으로 다양하게 표현하고 있다.

나. 은유

은유는 원 뜻을 숨기고 유추나 공통성의 암시에 따라 다른 사물이나 관념으로 대치하여 나타내는 수사법이다.

비유의 표현상으로 볼 때 직유는 외적 유사성에 바탕을 둔 직접적 비교라면, 은유는 내적 동일성을 바탕으로 한 간접적 비교가 된다. 따라서 직접비유에서와 같이 '~ 처럼' '~ 같이' 등의 관계사가 직접 드러나지 않는다.

은유는 고양이를 '밤의 야경꾼', 매미를 '떠돌이 풍류객', 풀을 '대지의 머리에 돋는 푸른 머리카락'이라고 한다.

이 같이 은유는 대상을 삼켜서 새로운 시어(무엇)을 탄생시키는 방법으로서, 단순한 원관념에 하나의 보조관념을 유사성에 연결하는 치환은유와 서로 다른 사물의 새로운 결합의 병치은유로 구분한다.

① '죽음처럼 깊은 잠을 잔다'는 직유이고
⇒ '죽음은 영원한 잠이거늘'하면 치환은유이다.

② '그녀의 마음은 호수이다'는
⇒ 그녀는 원관념이고 호수는 보조관념으로서 병치은유이다.

③ 휘어진 칼이다
　　허공에 던져진
　　눈썹 몇 금이다
　　비늘이 푸른
　　단선율의 여운이다
　　무반주의 시간에 대있는
　　서늘한 피리소리다.
　　　　　　　　　　　　　　- 조창환, 〈난〉 전문

〈난〉시의 원관념은 '난'이지만 난에 대한 진술은 전혀 하지 않고 축어적 시어로 칼, 눈썹, 단선율, 피리소리 등으로 은유한다.
　이 같은 은유는 시쓰기의 새싹으로서, 깊은 상상력과 유추능력은 의미있는 시적의미를 가져와야 한다.

몸에 열꽃이 핀다.

모래바람이 불고 있다
온몸에 가시처럼 박혀오는
금빛 가루들
헉 헉, 숨이 막힌다.

사막은 붉은 바다
잔인하고 아름다운 것들로 가득 차 있다.
― 조용미, 〈몸살〉 부분

〈몸살〉은 치환은유와 병치은유가 혼재되었는데, 열꽃은 치환은유이고, 모래바람 금빛가루 사막 등은 병치은유로서 확장은유의 성격을 보여 주고 있다.

사막은 붉은 바다라는 대립되는 사물의 비교나 잔인하고 아름다운 것들로 가득 차있다는 상반된 이미지의 중첩은 유사관계 혹은 대립관계의 양자를 통해 들여다 본 은유이다.

새가 우는 소리는(A)
그의 영혼의 가장 깊은 속살을
쪼아대는 언어의 즙이다.(B)

새가 나는 공간은(A)
그의 가냘픈 의지가
쌓아 올리는 부재의 계단이다.(B)
―이광석, 〈새〉 일부

〈새〉 시에서 은유는 A=B라는 형식으로서, 새가 우는 소리는 언어의 즙이다.

새가 나는 공간은 부재의 계단이다. 라는 은유를 통해 현실적 고뇌의 모습을 유추한 치환은유이다.

다. 의인과 풍유

의인법은 사물이나 사람이 아닌 생물에 사람과 같은 성실을 부여해 표현하는 비유법으로서 활유법이라고도 한다.

그 예를 보면 '속삭이는 물방울' '비의 함성' '재잘대며 흐르는 시냇물' '고맙게 잘 자란 보리밭아. 너는 삼단 같은 머리를 감았구나' 등 무생물을 인간화하는 것이다.

풍유법(알레고리 혹은 우유라고 함)은 세상의 풍자와 야유 속에 숨은 의미를 정서적으로 느낄 수 있게 해주는 독특한 효과이다.

예컨대 '껍데기는 가라. 사월도 알맹이만 남고 껍데기는 가라' 시어는 4·19학생 혁명의 본질적인 정의만 남고, 역사의 부조리와 허구는 가라고 풍유하는 것이다.[34]

라. 제유와 환유

제유는 은유의 한 형태로서 어느 한 부분이 전체를 나타내는 것이다.

오랫동안의 경험과 습관 등을 통해서 만들어진 것으로서, 한 개인의 생활보다는 사회구성원들의 전체적인 생활경험과 밀접한 것들이다.

그 사례로서 '흰옷'은 '한국인'과 유사성을 갖는 사물은 아니지만, 전통적으로 즐겨 입는 의상 때문에 한국인을 연상하는 것이고, 푸른 눈'으로 서양인 전체를 가리키는 경우 등을 말한다.[35]

환유는 사물의 한부분이 그 사물 전체를 나타내는 비유로서, '소월을 읽고 있다'는 김소월 시 작품을 가리키는 환유이다.

이 같은 제유와 환유는 유사성보다는 두 사물사이에 있는 관련성 내지 인접성을 바탕으로 만들어 진 것이다.

마. 인유

인유는 우리들이 이미 알고 있는 신화, 전설, 만담, 잠언 혹은 역사적 사건이나 문학 속에 나오는 인물, 사건 등의 소재들을 끌어들여서 자신의 의도를 살리는 비유이다.

논개양은 내 첫사랑
논개양을 만나러 뛰어 들었다.
― 조태일, 〈논개양〉 일부

남강 촉석루에서 왜장을 껴안고 죽은 논개라는 인물을 인용하여, 시의 화자는 상상력을 통해 논개를 만나는 것이다.

---

34) 박명용, 전게서, pp146~174
35) 조태일 전게서, pp82~86

4월의 피바람도 지나간
수난의 도심은
아무렇지도 않은
표정을 짓고 있구나

진달래도 피면 무엇하리
갈라진 가슴팍엔
살고 싶은 무기도 빼앗겨 버렸구나.
　　　　　　　－ 박봉우, 〈진달래도 피면 무엇하리〉

〈진달래도 피면 무엇하리〉 시는 역사 속의 4·19혁명이란 사건을 끌어들여 4·19혁명의 실패에 대한 화자에 삶의 의욕상실과 좌절감은 한 개인의 것이 아님을 알 수 있다.

바. 반어와 역설의 사례

반어는 '숨기다' '시치미 떼다' 라는 의미를 지닌 것이다.

그 예로서 아침 밥상에서 '오늘도 풀밭에서 식사하는 군' 하고 중얼대는 것은 야채류로 이루어진 반찬들에 대한 숨겨진 비판 혹은 반찬이 형편없음에 대한 시치미 떼는 불만의 표현이다.

역설은 겉으로 보기에는 명백히 모순되고 부조리한 듯하지만, 자세히 생각해보면 확실하든가 혹은 진실이 되는 것이다.

시의 언어는 역설의 언어로 중요한 요소가 된다. 그 예로서 '죽어야 산다.' '좋아서 죽겠다' 아이가 너무 예쁜 나머지 '아이구! 정말

못생겼네.'처럼 논리상 서로 모순되는 의미를 갖는 진술이 역설에 속한 것들이다.

8. 시와 상징

가. 상징이란

상징(Symbol)은 서로 다른 둘이 결합됨으로써 독립된 하나의 의미를 타나내는 언어의 양식이다.[36]

상징이야 말로 인간의 다른 동물과 비교되는 고도의 정신작용이다. 상징은 하나의 기호나 표상을 의미함으로서 다른 어떤 것을 대신하는 암시기능을 수행하는 것이다.

예컨대 ✚ 표시는 기독교는 예수, 환자는 병원, 운전자는 안전제일을 의미하게 된다. 또한 '소녀들의 장미 동산에 있는 장미'는 사랑의 의미를 암시하는 은유이지만, '소녀는 장미이다'라고 말하면 상징이 된다.

시적 상징은 단순히 어떤 대상을 대신하여 하나의 의미만을 표상하는 일반적 상징과 달리 상상력을 내포한 개념이다.

즉 경험 중심의 가시적 세계가 아닌 불가시적 세계와 같은 초경험적 대상을 암시하는 기호로 진실과 허구를 내포해 나타난다.

---

36) 박명용. 전개서. pp146~174

지금 눈 내리고
매화향기 홀로 가득하니
내 여기 가난한 노래의 씨앗 뿌려라.

다시 천고의 뒤에
백마 타고 오는 초인이 있어
이 광야에서 목 놓아 부르게 하리라.

— 이육사 〈광야〉에서

〈광야〉 시에서 상징어는 '가난한 노래의 시'와 '백마 타고 오는 초인'이다.

시인은 일제 강점기에 민족정기와 독립정신으로 '해방'의 원관념은 보이지 않지만, 상징적으로 노래의 씨앗은 시(詩)일 수 있으며, 백마 타고 오는 초인은 건국 신화에서 나온 고귀한 존재의 탄생을 말하고 있다.

나. 상징의 유형과 사례

(1) 개인적 상징

개인적 상징은 한 개인의 독창적 체험에 의해 특수한 의미를 지닌 상징이다.

한 시인이 자신의 여러 작품에 특수한 의미로 즐겨 사용하는 시어나 상징물, 혹은 이미지로 사용하는 상징의 별칭이 되는 것이다.

(2) 관습적 상징

관습적 상징은 오랜 시간 동안 특수한 문화를 배경으로 사용된 공유하는 상징을 의미한다.

그 예로서 선비의 기품과 절개를 매·란·국·죽으로 상징 의미화 한다든지, 한국적 풍류, 인습적이고 관습적이며 문화적 전통을 통해 시적 의미를 표현하는 것이다.

(3) 원형적 상징

원형적 상징은 인류의 가슴 속 깊이 깔린 의식의 상징이다. 원형은 신화·종교·역사·풍속 등에서 수없이 반복되어 나타나는 이미지이다.

그 예로서 물은 창조와 신비, 삶과 죽음, 풍부한 성장으로, 태양은 창조적 에너지, 부성애, 시간과 생명의 순환으로, 색채에서 흑색은 죽음을, 붉은 색은 피와 희생과 정열, 녹색은 성장과 희망 등을 나타내며, 원은 우주와 통합과 생명의 근원으로 의미를 갖는다.

이러한 상징들은 과거로부터 오늘날의 시 작품 속에 끊임없이 상징화되어 표현되고 있다.

III
시의 구성은 어떻게 할 것인가

Ⅲ. 시의 구성은 어떻게 할 것인가

1. 시의 구성

가. 구성이란

문학에서 구성이란 다양한 요소를 조립하여 하나의 작품을 만드는 것이다.

오늘날 문학 장르 중에서 시는 자연과 삶의 진실을 포착해 다양한 압축된 언어로 상상적·정서적·예술적 효과를 얻는 방향으로 시를 만들어야하기 때문에 구성은 더욱 중요하다.

나. 구성 요소

시의 구성요소는 주재·소재·의미부여로서, 시를 쓰는 데도 순서와 방법이 있다.

첫째는 '무엇을 쓸까?' 라는 구상에서 주제를 찾아야 한다.

주제는 작가가 쓰고 싶은 내용으로서, 시의 중심사상(몸의 중심인 등뼈와 같음)이 되며, 주제는 곧 제목이 될 수 있다.

둘째로 '어떻게 표현 할까?'에서는 주제에 알맞은 소재를 캐내야 한다.

소재는 주제를 구현하기 위한 선택적인 글감들로서, 주제(몸의 등뼈)에 살을 붙이기 위한 재료들로서 매우 중요하다.

즉 소재는 시의 각 행이나 연에서 다양한 대상과 묘사, 비유와 운율 방법 등으로 형상화하는데 필요한 작은 글감(재료)들이다.

셋째는 '무슨 의미를 남길까?'에서는 울림의 의미부여가 있어야 한다.

그 시의 구성은 의미없는 미사어구나 막연한 단어의 나열이 아니라, 주제와 소재가 말하는 시어를 읽거나 듣고 마음속에 떠오르는 뚜렷한 의미부여(매세지)로서 마무리인 것이다. 따라서 시는 주제에 따라 소재를 어떻게 선정하여 효과적으로 구성해 표현하느냐에 따라 의미가 부여되고, 감동을 주는데 크게 영향을 미친다.

이 같이 좋은 시는 주제 · 소재 · 의미부여의 구성에 시어 · 행과 연 · 운율 · 묘사 · 화자와 어조 등 다양한 외적인 형식과 내적인 요소 등이 조화롭게 합성되어 창작된다.

다. 구성방법

시는 수필처럼 일정한 사건이나 체험으로 만든 작품이 아닌 것이다. 시는 상상을 통해 주제에 따른 소재를 응축해서 표현하는 것이다.

고대 그리스 아리스토텔레스는 〈시학〉에서 시의 구성은 "시작

(서두)과 중간(본문)과 마무리(결미)의 세토막이 상호 균형"을 이루며 배분되어야 한다고 역설했다.[37] 동양에서도 좋은 시(시조)의 구성은 "초장-중장-종장으로 또는 기(起)-승(承)-전(轉)-결(結)"로 구성하였다.

이 같은 구성을 종합하면 현대시작법도 주제(제목)를 구현하기 위해 각 소재를 '시작의 행과 연(起/초장/서두소재)' - '중간의 행과 연(承·轉/중장/본문소재)' - '마무리의 행과 연(結/종장/결미소재)'의 형식을 상호 균형적으로 구성하여 창작하면 좋은 시가 된다.

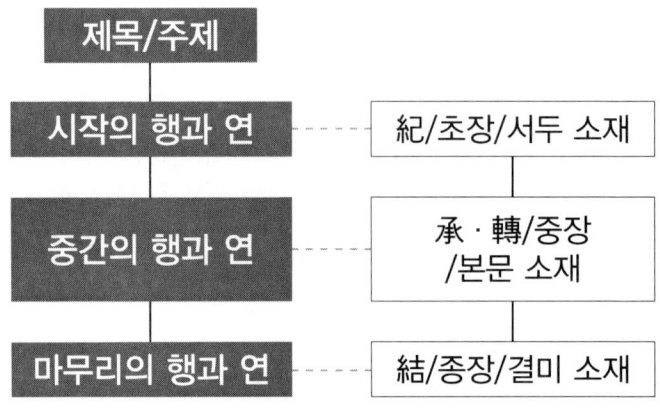

즉 시는 작품의 중심이 되는 사상이나 감정이 된 주제(제목)가 있어야 하고, 그 주제(제목)를 채울 수 있는 글감인 소재들은 시작-중간-마무리의 행과 연으로 전개한다. 그 행과 연은 각 소재를 시

적인 언어 · 상상 · 묘사 · 운율 · 이미지 · 비유 · 상징 등에 다양한 방법으로 형상화하고, 마무리 행과 연에서는 의미부여(매세지)로 결미를 맺어야 한다.

이 같은 시적인 구성은 시의 문학성과 예술성으로 독자들에게 강한 호소력과 공감이나 감동을 줄 수 있을 것이다.

2. 구성요소 찾기와 실제

시의 구성요소로서 주제 · 소재 · 의미부여를 찾기 위해서는 다독(多讀), 다상(多想), 다작(多作), 다험(多驗), 다약(多約)을 통하여 관심 · 관찰 · 교감 · 의미부여가 있어야 한다.[38]

가. 관심

한편의 시를 창작하기 위해 일상에서 먼저 관심을 가져야한다. 시의 주제와 소재를 우연히 찾을 수도 있지만, 좋은 시를 쓰기 위해서는 스스로 관심을 갖고 찾으려는 의식과 노력이 필요하다.

나. 관찰

어떤 주제나 소재가 선정되면, 그 보다 넓고 깊게 연구하고 생각해 좋은 작품 창작을 위해 관찰하며 구상해야 한다.

---

37) 이지엽. 현대시 창작 강의, 고요아침 2014. pp398~496
38) 조영갑 정목일 〈행복한 수필쓰기〉 북코리아, 2024. 참조

다. 교감

주제 및 소재와 자신이 일체감을 갖기 위해서는 무한한 상상력과 다양한 묘사 방법 등으로 교감을 주고받으며 진실을 알고 느끼면서, 시작 - 중간 - 마무리의 행과 연을 구성해 써야 한다.

라. 의미부여

작품의 마무리에서는 독자들이 읽고 나면 어떤 의미부여(매세지)로 공감하고 감동하여 함께 할 수 있는 여진이 남겨져야 한다.

이와 같은 시의 구성(시작-중간-마무리의 행과 연)에 따른 작품의 실제들을 알아보면 아래와 같다.

마. 시 구성의 실제

□ 고 향 / 3연의 구성

서남쪽 하늘 아래
쪽빛 바다에 떠 있는 고향
철새 텃새가 날은 형상이라
새 섬 비금도(飛禽島)라고 하네

선왕산 그림산 기슭
옹기종기 동네 굴뚝에
피어 오른 행복한 숨소리
종달새 노래

풀피리 불던 친구들 어디가고
하얀 소금꽃
푸른 시금치가 춤추며
명사십리 하누님 해수욕장이
날 오라 손짓하네

영원한 그리움의 향기
고달픈 세월 마다않고
자식들 품으며
살아온 부모님 영혼의 섬
내 고향 비금도
아름다운 추억이
바람으로 스쳐가네.

– 조영갑 〈고 향〉 전문[39]

구 성	소 재	비 고
• 시작의 행과 연	• 서남쪽 하늘 아래 / 바다에 떠 있는 고향 / 새가 날은 형상이라 비금도 (1연)	기(起) / 초장 / 서두소재
• 중간의 행과 연	• 선왕산 그림산 기슭 / 옹기종기 동네 굴뚝 / 종달새/친구 / 소금꽃/시금치 / 해수욕장이 날 오라 손짓하네 (2연)	승(承)·전(轉) / 중장 / 본문소재
• 마무리의 행과 연	• 영원한 그리움의 향기 / 자식들 품으며 / 살아온 부모님 영혼의 섬 / 아름다운 추억이 바람으로 스쳐가네 (3연)	결(結) / 종장 / 결미소재

---

39) 조영갑 전게서 참조

□ 어머니의 목소리 / 4연의 구성

먼 푸른 바다
너머에서
어머니의 향기가
밀려옵니다

밀물 되어
허기진 삶
치열한 도전과 응전으로
살고 있냐고
채찍질합니다

썰물 되어
바쁜 일상서도
아름다운 삶의 흔적 남기며
나눔 사랑 하느냐고
묻고있습니다

오늘도
어머니의 목소리는
하얀 자장가 되어
소라 귀에
들려옵니다.

－조영갑 〈어머니의 목소리〉 전문[40]

---

40) 조영갑 전개서 참조

구 성	소 재	비 고
• 시작의 행과 연	• 푸른 바다 멀리서 온 / 어머니 향기 (1연)	기(起) / 초장 / 서두소재
• 중간의 행과 연	• 밀물에 들려오는 / 어머니의 목소리 (2연)	승(承)·전(轉) / 중장 / 본문소재
	• 썰물에 밀려가는 / 어머니의 목소리 (3연)	
• 마무리의 행과 연	• 어머니 목소리는 / 하얀 자장가 (4연)	결(結) / 종장 / 결미소재

□ 빈 잔 / 5연의 구성

삶은
나를 술 마시게 하네

세월의 엇박자 속에
이뤘던 꿈의 축배
멀어져 간 소망위해 한잔
유통기한 끝난
빈 잔이 철없이 쳐다보네

삶의 여정
기쁨의 아우성
찌그러진 아픔위해 한잔
토하고 나면
빈 잔이 취하게 하네

사랑의 길목
뜨거운 속삭임
고개 떨군 침묵위해 한잔
허망한 세월
빈 잔이 미소를 짓네

빈 잔은
적당히 마시고
목 마르기 전에
떠나라 하네.

— 조영갑 〈빈 잔〉 전문[41]

구 성	소 재	비 고
• 시작의 행과 연	• 삶은 / 술 마시게 하네 (1연)	기(起) / 초장 / 서두소재
• 중간의 행과 연	• 세월의 엇박자 속에 / 이뤘던 꿈의 축배에 한잔 / 멀어져 간 소망에 한잔 / 빈 잔이 쳐다보내 (2연) • 삶의 여정 / 기쁨의 아우성에 한잔 / 찌그러진 아픔에 한잔 / 빈 잔이 취하게 하네 (3연) • 사랑의 길목 / 뜨거운 속삭임에 한잔 / 고개 떨군 침묵에 한잔 / 빈 잔이 미소 짓네 (4연)	승(承)·전(轉) / 중장 / 본문소재
• 마무리의 행과 연	• 빈 잔은 / 목마르기 전에 떠나라 하네(5연)	결(結) / 종장 / 결미소재

41) 조영갑 전개서 참조

□ 별빛으로 만난 그대 / 3연의 구성

마음에 새겨진 언어의 집짓기 위해
밤하늘
영롱한 별빛으로 만난 그대

수많은 별들의 속삭임
알 수 없는 바람소리는
내 마음 속에
보이지 않은 언어가 되어
선잠 풋잠 토막잠 속에
그대와 함께 향기 피우며
도란도란 시로 수놓는 밤

소중한 인연
언어의 집을 함께 지어가는 행복한 시간
살며시 펴면 멀리 날아 갈까봐
오늘도
손에 꼭 쥐어봅니다.

― 하택례 〈별빛으로 만난 그대〉 전문

구 성	소 재	비 고
• 시작의 행과 연	• 마음에 언어의 집짓기 / 밤하늘 / 별빛으로 만난 그대 (1연)	기(起) / 초장 / 서두소재
• 중간의 행과 연	• 수많은 별들의 속삭임 / 바람소리 / 보이지 않은 언어 / 향기 피우며 / 시로 수놓는 밤 (2연)	승(承)·전(轉) / 중장 / 본문소재
• 마무리의 행과 연	• 소중한 인연 / 살며시 펴면 멀리 날아 갈까봐 / 손에 꼭 쥐어봅니다(3연)	결(結) / 종장 / 결미소재

□ 코스모스 / 4연의 구성

가을이 데리고 온 가녀린 소녀들
세상의 꽃을 만들기 전
신이 연습 삼아 만들었던 코스모스

메말라간 햇살
허전한 자리에서
하얀빛 분홍빛 미소로
조용히 행복을 노래하는 순결의 소녀들

옷깃 여미 바람결
가느다란 몸매로
너울 춤추며 꺾이지 않고
가을을 꿈꾸는 순애의 소녀들

그 소녀들
향기로 무늬 진 길을 걸으며
어제의 아픔 잊고
오늘의 행복을 만들어 간다.

— 하택례 〈코스모스〉 전문[42]

구 성	소 재	비 고
• 시작의 행과 연	• 가을이 데리고 온 / 코스모스 소녀들 (1연)	기(起) / 초장 / 서두소재
• 중간의 행과 연	• 메말라간 햇살 / 하얀빛 분홍빛 미소 / 순결의 소녀들(2연)	승(承)·전(轉) / 중장 / 본문소재
	• 옷깃 여민 몸매 / 너울 춤 / 순애의 소녀들 (3연)	

42) 하택례 전게서 참조

• 마무리의 행과 연	• 어제의 아픔 잊고 행복 만들어간다. (4연)	결(結) / 종장 / 결미소재

□ **커피 한 잔** / 4연의 구성

모퉁이 카페
담벼락
담쟁이덩굴
가을 빛깔 칠할 때
커피 한잔

커피 향기 속
묻어난
삶의 발자국 소리
청춘이
춤췄던 열정
황혼이
토하고 싶은 갈망들이
노래 부르네

설탕처럼
달콤한 사랑 피우며
뜨거운 환희의 폭포
뭉게구름 같은 그리움
아련히 저려 오네

인생은
커피처럼 달콤하고
씁쓸한 것인가.

— 조영갑 〈커피 한잔〉 전문[43]

---

43) 조영갑 전게서 참조

구 성	소 재	비 고

• 시작의 행과 연	• 모퉁이 카페 담벼락
	  / 가을 빛깔 칠 할 때
	  커피 한잔 (1연)
		기(起)
		/ 초장
		/ 서두소재

• 중간의 행과 연	• 커피 향기 속
	  / 삶의 발자국 소리
	  / 춤추던 열정
	  / 토하고 싶은 갈망들 (2연)
		승(承)·전(轉)
		/ 중장
		/ 본문소재

	• 설탕처럼
	  / 달콤한 사랑 피우며
	  / 뜨거운 환희의 폭포
	  / 뭉게구름 같은 그리움 (3연)	

• 마무리의 행과 연	• 인생은
	  커피처럼 달콤하고
	  씁쓸한 건가. (4연)
		결(結)
		/ 종장
		/ 결미소재

□ 인생 길 / 5연의 구성

인생은
삶의 길에 흔적을
남기는 것이라네

어린청춘이 마구 뛰놀 때
흰 구름에 꿈 띄우고
행운을 물고 올
강남 갔던 제비 기다리며
워낭 소리에 가난이 숨 쉰
논두렁 밭두렁 길이었네

불타는 청춘이 숨차게 뛸 때
치열한 삶의 광장에서

욕심이 얻는 희열도
회색빛깔의 아픔도 있었던
검은 아스팔트길이었네

오래된 청춘이 노을 진 햇살에
무거운 짐 내려놓고
감사기도 드리며
어느 숲 속 찾아
무늬 고운 새와 함께
부르고 싶은 노래
춤추고 싶었던 몸짓으로
향기 가득한 오솔길을 걷네

인생은
험하고도 달콤한 길인가 보네.

- 하택례 〈인생의 길〉 전문[44]

구 성	소 재	비 고
• 시작의 행과 연	• 인생은 삶의 흔적 남긴 길 (1연)	기(起) / 초장 / 서두소재
• 중간의 행과 연	• 어린 청춘의 꿈 / 흰 구름/제비/워낭소리 / 논두렁 밭두렁 길 (2연)	승(承)·전(轉) / 중장 / 본문소재
	• 불타는 청춘시절 / 치열한 광장 / 욕심의 희열 / 회색빛의 아픔 / 검은 아스팔트 길 (3연)	
	• 오래된 청춘시절 / 오래된 짐 내려놓고 / 무늬 고운 새 / 춤추고 싶었던 몸짓 / 감사하며 걷는 오솔길(4연)	

---

44) 하택례 〈별빛으로 만난 행복〉 계간문예. 2015 참조

• 마무리의 행과 연	• 인생길은 험하고도 달콤한 길(5연)	결(結) / 종장 / 결미소재

　이와 같이 시의 구성은 작품에서 나타내고자한 중심사상이 된 주제는 통상 제목으로 사용된다.
　주제(제목)을 구현하기 위한 각 소재는 시작(起/초장/서두소재) – 중간(承·轉/중장/본문소재) – 마무리(結/종장/결미소재)로 전개된다.
　시는 시작과 중간에서 다양한 내용과 방법으로 상상하고 형상화해 표현하며, 마무리는 시작과 중간의 행과 연에서 노래했던 느낌을 가지고 의미부여로 결미를 맺어야 한다.
　즉 제목이 말하고자한 그림이 결미에서는 의의, 가치, 본질, 보람, 바람직한 방향 등의 의미부여가 담겨져 있어야 감흥 감동을 주는 시가 된다.

3. 제목

가. 제목이란

　세상의 모든 물체는 제목(이름)을 통하여 존재와 의미를 갖게 된다.
　시에서도 제목은 시의 얼굴로서 오래 동안 기억되고, 그 내용을 담고 존재 가치를 충만 시 킬 수 있어야 한다.

나. 제목 붙이기 고려사항

제목 붙이기 고려사항은 ① 제목과 내용의 일치로서 시가 갖고 있는 의미, 정서, 분위기 등의 주제가 암시적으로 표현되어야 한다. 또한 ② 참신하고 인상적인 제목으로서 독자의 관심과 상상력을 자극되게 해야 하며, ③ 보다 깊고 구체적인 내용으로서, 주제의 제목화, 소재의 제목화 등이 있다.

다. 제목 붙이기 방법

시를 쓸 때에 제목을 미리 정해 놓고 쓸 것인가 아니면, 시를 쓰고 제목을 붙일 것인가는 작가의 경향에 따라 다를 수 있다.

① 제목 붙이기-구상-본문 집필-퇴고 이고, ② 구상-제목 붙이기-본문 집필- 퇴고 ③ 구상-본문 집필-제목 붙이기-퇴고 등으로 실시할 수 있다

시의 제목 붙이기는 그 순서가 문제가 아니라 좋은 제목을 어떻게 만드느냐에 있다.

즉 시적 내용의 변화에 따라 한 작품의 핵심적인 주제와 소재를 상상력으로 자유롭게 쓰면서 제목을 다시 정할 수 있다.

4. 행과 연 만들기

가. 행과 연이란

시의 구성은 주제(제목)을 구현하기 위해 각 소재들을 행(line)이나 연(stanza)으로 창작해 나간다.

시에서 행(行)은 한 줄 한 줄의 단위를 말하고, 연(聯)은 하나 이상의 행이 모여 이루어진 의미의 단위로서, 시에서 한 줄 띄어 쓴 한 묶음이 된다.

시의 행과 연을 이루는 것은 ① 시어에서 소재의 단락 ② 운율의 단락 ③ 이미지의 단락을 위해서이다.

즉 시의 주제와 소재에 따라 의미를 중시하는 경우, 리듬을 중시하는 경우, 이미지를 중시하는 경우에 따라 행과 연의 구분이 다르게 된다.

나. 행과 연 만든 방법

시에서 "〈시작의 행과 연〉-〈중간의 행과 연〉-〈마무리의 행과 연〉"구성은 주제를 구체화하기 위한 소재들을 수개의 행과 연으로 만들게 된다.

그 시적인 행과 연의 구체적 만든 방법들은 이미 앞장에 〈Ⅰ.시란 무엇인가.〉〈Ⅱ.시를 어떻게 표현할 것인가.〉에서 이론과 사례 설명에서 알아보았다. 그리고 2개 혹은 1개의 행이나 연의 구성은 중간소재가 없이 생략되었다고 볼 수 있으며, 좋은 시의 구성을 위해서는 보통 3개 이상의 행이나 연 구성으로 좋은 감동 감흥을 줄 수 있다.

다. 행과 연 만들기

(1) 5연 만들기

□ 고독

거친 삶의 광야는
가까이서 멀리서
고독을 바람에 띄워 보냅니다

고독의 소리가 들리면
생각나는 모습이 다가와
살며시 미소 짓습니다

고독이 밀려오면
보고 싶은 그림자가 찾아 와
따스한 품으로 안아 줍니다

고독이 스쳐 가면
그리운 사람은
가슴에 사랑의 세레나데를 들려 줍니다

저녁노을이 물들어간 삶의 여정
보이는 곳, 보이지 않는 자리에서
고독한 방을 채워준
그대는 예쁜 행복이랍니다.

— 하택례 〈고독〉 전문

〈고독〉 시는 삶 속에서 어쩔 수 없는 고독을 주제(제목)로 한 5연 구성의 시이다. 그리고 각 소재에서 시작 1연은 삶의 광장에 밀려 온 고독, 중간 2연은 소리로 들려 온 고독, 3연은 그림자로 밀려 온 고독, 4연은 가슴에 세레나데로 들려 온 고독을 노래하고, 마무리 5연은 황혼의 여정에 고독을 즐기는 마음에 예쁜 행복으로 의미부여를 하였다.

(2) 4연 만들기

□ 봄이 오는 소리

소곤거리며 내린
봄비
마른 겨울
움츠렸던 뿌리
맥 짚어 흐르며
봄을 꺼낸다

봄볕 유혹에 빠진
가지
떨리는 가슴
기지게 펴며
봄앓이 소리 낸다

푸른 싹 돋아나면
기다림과 설렘으로 출렁이는
황홀한 삶의 여행을 시작한다

숨겼던 한 송이 꽃을
피우기 위하여.

- 조영갑 〈봄이 오는 소리〉 전문

〈봄이 오는 소리〉의 주제는 봄의 노래로서, 4연으로 구성된 시이다. 시작 1연은 마른 겨울 속에서 봄을 꺼낸 것이며, 중간 2연은 봄 유혹에 빠져 봄 앓이 소리, 3연은 푸른 싹 돋아 내며 삶의 여행이고, 마무리 4연은 한 송이 꽃을 피운다는 의미부여를 한 것이다.

(3) 3연 만들기

□ 파도의 삶

태양이 몰고 온 파도
아득한 세월의 꿈을 찾았고
겁 없는 청춘을 사랑하며
삶의 희망
노래 했습니다

바람에 부서진 파도
꿈과 현실이 부딪쳐
푸른 파도에
웃음 날리고
거친 파도에
통곡할 때
삶의 돌 직구만 던지며
살아 왔습니다

힘없이 밀려간 파도
하얀 흔적만 남는데
우물쭈물하다가
내 이럴 줄 알았단 삶보다는
숨 쉴 때
사랑 받는 존재로
떠 날 때
그리움으로 추억되고파
웃음과 아픔 부둥켜안고
삶의 변화구 구사하며
살아가렵니다.

— 조영갑 〈파도의 삶〉 전문[45]

〈파도의 삶〉 시는 파도를 비유해서 삶을 주제로 한 3연으로 구성된 시이다.

각 연에서 시작 1연은 태양이 몰고 온 파도에 겁 없는 청춘의 꿈. 중간 2연은 푸른 파도, 거친 파도에 돌직구만 던졌던 삶의 현장, 마무리 3연은 웃음과 아픔안고 황혼길에서 변화구 삶을 의미 부여로 노래하고 있다.

(4) 2연 만들기

□ 그리움

햇살은 밤이면
별 되어 추억 만들고
달빛은 부셔져
무지개로 남네

그리움은
동그라미 닮은 사랑
사라질까 봐
가슴 속 깊이 넣어 둔다네.

-하택례 〈그리움〉 전문

〈그리움〉은 주제가 그리움으로서 2연으로 구성된 시이다. 시작 1연은 별과 달빛이 그리움을 만들고, 마무리 2연은 그리움이 사라질까봐 가슴에 숨겨 놓는다고 은유했다.

(5) 1연 만들기

□ 소낙비

소낙비가
요란 떨며
서성거린 유리창 추억을
그렸다 지웠다하는데
그 빗속을
다시 걷고 싶네.

- 조영갑 〈소낙비〉 전문

〈소낙비〉는 한 연으로 구성되어, 소낙비가 유리창에 서성거린 추억을 지웠다 그렸다하는 그 빗속을 다시 걷고 싶다며 지난 추억과 외로운 심경을 담아내고 있다.

---

45) 조영갑 〈사랑의 덫에 걸린 행복〉 월간문학,2015. 참고

다. 비정형 만들기

비정형 구성 시는 전통적인 구성의 방식에 구애되지 않고, 시적인 상상력이 자유자재로 행간을 넘나드는 산문시, 디카시 등이 있다.

(1) 산문시 만들기

〈카톡으로부터의 자유〉는 비정형구성으로 3단 산문시이다. 그러나 가만히 음미해보면 카톡에 대해 시작-중간-마무리로 전개가 적절히 조화되어 있다.

이 같은 현대시에서 정형화된 구성방법으로는 주제가 제대로 전달하기 어려운 경우에 복합적인 효과를 노리기 위해 비정형 구성이 점차 늘어나고 있는 추세에 있지만, 잘못 이해하면 일반적인 산문이 될 수 있다.

    카톡 카톡 카톡 소리에 손 전화를 확인한다.
  시도 때도 없이 울려대는 카톡 5초 대기조가 되어 회사방 친구방 취미방 사랑방 동창방 문인방 등 많고 많은 대화방에 접속하느라 자유 없는 포로가 된다. 산자락 마을에 새벽닭이 울던 농경생활은 원초적 여유로운 자유가 있었고, 높은 굴뚝에 검은 연기 난 산업생활에서는 제한된 자유가 숨쉴 수가 있었다. 그러나 날마다 인맥 쌓고 새로운 정보 찾는 사회에서 카톡생활은 꼼짝없이 대화방에 가입해 일과 삶의 경계가 흐릿해졌다.

    카톡 카톡 카톡이 울린다.
  언제 어디서나 날아와 접속하라는 실시간의 명령은 갇혀 있는 속박의 다른 이름이 됐다 손 전화 놓지 못한다. 카톡에 즉시 응답 위해 항시 대기 상태, 대화방에서 먼저 나가기조차 부담스럽다 땔 내야 땔 수 없는 삶의 일부가 됐다 쉬는 날에 회사 상사로부터 업무 지시 받으면 직장인은 번지 점프 할 때나 좋은 사람과 다틀 때보다 더 스트레스 받는다는 연구결과도 있다. 노는 날에 쉬고 놀고 싶은 시간에는 자유롭고 싶다. 그러나 퇴근해도 일이 따라 온다 휴가를 가도 일이 껌 딱지처럼 따라 다닌다.

어디 그뿐인가.
사생활이 침해되고 업무시간이 많아졌다 정신적 육체적 피로가 늘고, 보이지 않은 사람과 조직으로부터 감시와 통제가 위험수위이다. 그것은 창살 없는 감옥이다. 카톡 감옥을 탈출하는 한 마리의 파랑새가 되어, 푸른 하늘 넓은 들판을 자유스럽게 날고 싶다. 너로부터 자유인이 된 것이다 진정한 내 삶을 위해서….
    −조영갑 〈카톡으로부터의 자유〉 전문

〈카톡으로부터 자유〉 산문시는 현대 정보화 사회에서 카톡이 주제가 된다. 각 소재에서 시작 1단은 정보화 사회와 카톡관계, 중간 2단은 개인생활과 카톡관계, 마무리 3단에서는 카톡으로부터 자유인 '파랑새'가 되고 싶다는 의미부여로 외치고 있다.

(2) 디카시 만들기

디지털카메라(디카)와 시(詩)의 줄임말이다. 디지털카메라로 자연이나 사물을 포착하여 찍은 사진과 시의 절묘한 만남을 함께 표현한 사진 시이다.

즉 시적 형상을 순간 포착하여 그 느낌이 날아가기 전에 문자로 표현해 실시간에 소통한다는 점에서, 사진과 함께 표현되는 시어는 짧게 5행 이내로 표현된다.

눈가루가 휘몰아치고
사방은 강과 산으로 막혀 있네
차라리 외로운 새가 되어
하늘로 날고 싶네
떠나고 픈 청령포여

- 조남대 〈단종애사〉 전문[46]

---

46) 조남대 〈단종애사〉 국보문학. 2022. p235 참조
47) 김경애 〈수시로 떠나는 디카시 여행〉 바닷바람. 2014 참조

여인의 정한 되어
불쑥 솟은 기암괴석
수수만년 비, 바람에
홀로 그리움을 달래며
해조음의 노래를 듣는다

　－ 김순일 〈촛대바위〉 디카시 전문

하늘이 변덕 부릴 줄 누가 알았을까
준비 없이 서리 맞은 꽃들이여
그대로 말라버린 해맑은 미소여
가던 길 멈추고 다시 쳐다보아라
저 푸른 척 맑은 척 시치미 떼는 천공을

　－ 김경애 〈어느 시월의 마지막 날〉 전문

(3) 수필작품의 시 만들기

수필은 나의 삶과 인생의 체험을 담는 주제이고 소재의 산문이지만, 그 체험에서 느낌과 의미부여는 다양한 상상과 묘사와 운율로 확대하여, 한편의 시를 만들 수 있다. 여기에 〈오늘의 찬가〉 수필은 산문이지만, 그 주제와 소재의 느낌과 상상 및 운율을 함축하고 재해석해 한편의 시로 다시 탄생한 것이다.

□ 오늘의 찬가 / 수필

– 조영갑 –

먼동이 튼다. 하루가 시작된다. 하루가 된 오늘은 왜 이다지도 짧은 것인가. 모든 일은 오늘에 일어나고 또 오늘을 잘살아야 하는데 말이다. 인생의 여로에서 만난 사소한 기쁨을 확실한 행복으로 만들고 싶거든 오늘에 끌려갈 것이 아니라, 오늘을 끌고 가야한다.

인생은 오늘이 흐르는 시간이다.
어제는 이미 가버린 시간이고 내일은 아직 오지 아니한 시간으로서, 내 앞에 '지금(now)'과 '여기(here)'의 시간은 오늘 뿐이다. 오늘을 그냥 보내는 것은 인생을 허비하고 삶을 낭비한 것이다.
빠삐용 영화이다. 빠삐용은 교도관의 학대와 굶주림에 지쳐 독방에 쓰러진 환영 속에서 자신의 모습을 본다. 사막의 한가운데서 발자국을 남기고 걷은 사내에게 저 멀리 신기루인양 붉은 법복을 입은 재판장과 배

석한 부심들이 보인다. 재판장은 천천히 다가오는 사내에게 "네 죄를 네가 잘 알리라."고 크게 외친다. 그 사내는 "아니오, 아니오! 나는 아무런 죄를 짓지 않았습니다. 그렇다면 나의 죄가 무엇입니까?" 그때 재판장은 "너의 죄는 인간이 범할 수 있는 가장 큰 죄이다. 나는 너의 삶을 낭비한 죄로 기소한다. 네 죄에 대한 벌은 사형이다"라고… 그 사내는 재판장을 향해 당당히 걸어가던 발걸음을 멈추고, 뉘우치며 한탄한 목소리로 "그래요. 나는 유죄·유죄입니다"라며 사막의 길을 외로이 되돌아간다.

  유죄는 곧 내 생명, 내 인생을 부질없이 소비한 시간의 낭비죄인이다. 그림자도 소리도 없이 흐른 시간을 잘 살았는가. 삶의 길목마다에 오늘이란 시간의 낭비자로서, 나도 유죄로부터 자유스러울 수 있을 것인가.

  오늘에 끌려간 삶을 살고 있는가.
  오늘도 허황된 내일의 꿈만을 쫓는 시간, 지나간 어제의 삶속에 머물러있거나 지금을 행동하지 못한 시간들이 가득하다. 미국 캘리포니아 주립 대학교에 교환교수 시절이었다. 한동안 한국에서 지냈던 미국친구는 "한국 사람들은 현제 만남 속에서 비교적 미래지향의 건설적인 대화보다는 과거지향의 추억담 이야기가 많았고, 오늘의 솔직담백한 자신의 토로가 부족한 만남의 시간들이었다."고 말했다.
  어제의 나를 반성하고 오늘을 인정하며, 내일을 노래할 수 있는 진정한 시간 관리에 닫힌 자신의 욕심이나 변명시간의 탓이었던 것이다……
  어떻게 살아 왔느냐의 어제 이야기보다는 오늘을 방치하지 않은 값진 시간 속에 내일은 무엇을 위해 살아갈 것인가의 시간이어야 한다. 오늘이란 시간은 모든 것을 창조할 수 있지만, 또한 모든 것을 파괴하기도 한다. 시간은 모든 사람에게 완전히 공평하게 주어진다. 오늘이란 시간에 그냥 끌려가 흐르게 한 방관자가 되지 말고, 닳아 없어지도록 쓰고 사용하여 오늘의 자아실현을 찾아 내일을 창조할 수 있어야 한다.

오늘을 끌고 가는 삶을 살고 있는가.
오늘의 시간은 볼 수도 만질 수도 없는 신비한 존재이다. 시간의 흐름은 결코 제어할 수 없지만, 자신의 뜻대로 활용할 수 있는 자유를 가지고 있다. 그 중심의 축은 오늘이란 시간의 관리이다. 지금을 어떤 마음가짐으로 대하고 어떻게 사는가는 오로지 자신의 몫이기 때문이다.
독일 철학자 쇼펜하우어는 "우둔한 사람은 오늘이란 시간을 소비하는 데 마음을 쓰지만, 현명한 사람은 오늘이란 시간을 이용하는데 마음을 쓴다."고 했다. 누구에게나 하루 24시간은 똑 같이 분배되지만, 각 개인은 생산적인 혹은 비생산적인 가치를 위해 사용한다. 그 결과는 성공한 삶과 실패한 인생의 흔적으로 남게 된다.
어제의 가는 세월만을 탓하지 말고, 오늘을 새로운 자극과 목적으로 삶을 실천하며 내일의 희망을 찾아 가야 한다. 특히 나이든 사람은 어제의 닫힌 문만 바라보고 있을 시간이 없다. 남은 세월이 얼마나 된다고....?
오늘의 열린 문을 열고 다시 무엇인가 채우면서 내일의 문을 열 준비를 해야 한다. 다시 젊어질 순 없지만, 마음속에 봄까지 사라지게 해서는 않되 기에..... 많이 가진다고 행복한 것도, 적게 가졌다고 불행한 것도 아닌 세상살이에 과거자랑 · 물질자랑 · 자식자랑 · 자기과신 등에 헤어나지 못한 가엾은 오늘을 낭비하지 않아야 한다.
어쩜 가장 행복한 인생은 어제에 대한 좋은 그리움을 많이 가진 삶, 오늘의 거친 바람 속에서도 성실과 인내로 즐기는 삶, 내일의 불확실성에 도전해 소확행을 누릴 줄 아는 삶을 갖는 것이다.

그뿐이겠는가. 오늘이란 수많은 인간관계의 시간이다. 현실과 환상의 균형 속에서 관용하고 베풀며 오늘을 살아가는 것이다. 내게 좋은 사람을 소중이 관계하고, 타인이 보여주길 바라는 태도를 내가 먼저 보여주는 실천, 마음에 들지 않아도 거부하지 않고 다름을 수용하며 내가 하고 팠던 일 등을 즐기며 오늘을 끌고 가야한다.

오늘의 의미를 알고 실천하는 것은 닫힌 자아를 열린 자아로 변화시켜 멋진 삶, 진정한 자유인이 된 것이다.

오늘을 사색하고 음미하며 주어진 선물을 의미 있게 받아 즐기면서 살아가는 것이다.

하루의 낭비는 곧 생명의 낭비이다. 두 번 다시 오지 않는 오늘에 충실한 것은 곧 나를 진정으로 아끼고 사랑하는 창조의 시간이 된다. 삶에서 시간과 공간을 넘은 가치로 추억되고 소망을 찾는 것은 오직 자신의 선택에 달려있다. 점점 떨어져간 어제의 공간에는 기억하고 싶은 그리움을 채우고, 오늘은 실천한 일에 온 정성을 다해 노래 부르며, 결코 후회 없는 내일을 만들어 가야겠다.

□ 오늘의 찬가 / 시

모든 일은 오늘에 일어난다네.
인생길에 확실한 행복을 만들고 싶거든
오늘에 끌려갈 것이 아니라 끌고 가야한다네.

인생은 오늘이 흐르는 시간이라네.
어제는 이미 가버린 순간, 내일은 아직 오지 아니한 시간
나에겐 '지금(now)'과 '여기(here)'란 오늘이 있을 뿐
결코 내일은 기약할 수 없는 시간이기에……!!
오늘의 찬가를 힘차게 불러야 한다네.

오늘에 끌려 간 삶을 살고 있는가.
허황된 내일의 꿈만 꾸는 시간, 어제의 추억에만 매달려
지금을 행동하지 못한다면 끌려가는 삶이라네.
오늘은 모든 것을 창조한 시간이 되지만,
파괴하는 시간도 되기에….!!
오늘이란 시간 관리의 달인이 되어야 한다네.

오늘을 끌고 간 삶을 살고 있는가.
오늘이란 볼 수도 만질 수도 없는 신비한 존재이지만,
자신의 의지대로 활용할 수 있는 자유만큼은 주어졌기에……!!
지금, 여기에서 자기 뜻 대로 생각하고 활동하는 것이

끌고 가는 삶이라네.

오늘의 선물을 의미 있게 받아 드린 마음
하루의 낭비는 곧 생명의 소모이고
인생을 소진하는 죄인이 되기에……!!
오늘에 충실은 곧 나를 아끼고 창조하는 시간
지금, 여기서 실천하며 힘껏 노래 부르세.

**〈오늘의 찬가〉는 5단 구성의 수필이지만, 다시 5연 구성의 시가 되었다. 주제는 〈오늘의 찬가〉이며, 각 소재에서 시작 1연은 〈모든 일은 오늘에 시작〉이고, 중간 2연은 〈인생은 오늘이 흐르는 시간〉, 3연은 〈오늘에 끌려간 삶〉, 4연은 〈오늘을 끌고가는 삶〉, 마무리 5연은 〈오늘 실천의 중요성〉에 의미부여를 노래부른 것이다.

IV
시인의 등단과 작품 활동

Ⅳ. 시인의 등단과 작품 활동

1. 시인의 등단과 작품

가. 시인의 등단이란

'인생은 한창 필 때는 짧고, 시들어 떨어질 때는 길다'고 독일 시인 울란트는 말했다. 세상의 싸움터에서 열심히 살다보면, 어느 듯 인생이 무엇인가를 알기 도 전에 이미 반은 지나고 있다.

나이 든 인생길에서 한창 때는 지났지만, 앞으로의 세월을 어떻게 사느냐로 인생의 승부를 가름해야 한다.

오늘날 100세 시대라고 말하고 있다. 그래서 인생은 60대부터라고 말은 하면서도, 그냥 세월을 허송하기는 너무 자신이 아깝지 않는가…?

아직 절반의 인생이 남겨져 있다고 깨달았을 때에 말로 만 하지 말고, 작은 꿈에 도전해야 한다. 나를 건강하게, 흥미진지하게, 호기심을 불태우며 사는 그날까지 즐거운 삶을 위해 실천해야 한다. 어떤 사람은 그 시간이 주어지드라도 마치 '산 송장'처럼 눈만 껌

벅거리다가 간다.

영국 셰익스피어는 "인생의 끝이 좋으면 모든 것이 좋다"라고, 유명한 희곡 〈제명〉에서 말했다.

나이 든 황혼 길에서 살아있다는 그 자체만으로도 기쁨이 샘솟는 인생을 만들기 위해 도전한 삶을 살아가야 한다. 그 동안 하고 싶고 누리고 싶었던 작은 꿈을 위해 도전해야 한다.

… 내 목숨이 줄어드는 줄도 모르고,
닳고 닳은 서툰 인생이지만,
삐뚤빼뚤 이름 석자는 써놓고
갈래요….

어느 노래 가사처럼 작은 욕심을 부린 것은 진정 나를 위한 영민한 생존전략일 것이다.

인생이 살아가는 동안 시인이나 수필가 소설가 등의 문학인의 도전은 아름다운 삶의 아우성이다. 시의 이론과 실제를 공부하는 사람은 문단에 등단하여 시인이 되기를 소망할 것이다. 시인이나 수필가, 소설가의 문단등단은 수많은 퇴고 과정을 거쳐 문예지의 추천이나 신인상 · 신춘문예 · 동인활동 · 시집출간 등이 있다.

나. 등단의 작품과 심사평

시를 만드는 사람으로서 시인의 등단작품과 심사평은 새로운 삶과 인생을 위한 출발 행진곡이 된다. 특히 나이든 인생길에서 인생의 끝이 좋으면 나의 인생도 좋게 기억될 것이다. 결코 잊혀지지 않는 문학인으로서 흔적은 오래 오랫동안 좋게 남겨질 것이다.

▢ 아버지

산 그림자가 스며들고
초가집 굴뚝에 연기 흩어질 때면
아버지 지게는
땀이 흥건했습니다.

논밭 길 따라
식구들 무게 지고 외롭게 걸어온 길
힘들고 슬퍼도 울지 않고
주름살에 맺힌 땀방울로 흘렸습니다.

삶의 무게로
조금씩 굽어지는 허리
몸에 몹쓸 병이 있어도
아무 일 없단 듯이 가족들을 위로했습니다.

그땐 몰랐습니다

예순 넘긴 나이에 철들어
아버지 땀방울은 사랑 희생 강함이라는 것을
지금에야 알았습니다.

못다 한 이야기 남기고 떠나신 아버지
거울 속에
또 하나의 아버지를 닮아간 나를 보고
깜짝 놀랐습니다.

-조남대-

□ 카페에서

코로나 미생물이 친
창살 없는 감옥살이 탈출해
산야로 달리네

깨끗한 공기 연두색깔 산마루
햇살 맞이한 카페가
자꾸 날 유혹하네

따스한 커피 한 잔
오래된 사진첩 속에 숨겨진
추억이 가슴을 쓰다듬고 있네

삶의 길목에서
아픔과 기쁨이 술 쉴 때마다
항상 커피는 곁에서 다시 뛰게 했다네

찻잔을 꼭 쥐고서
코로나가 없는 세상에서 살고 싶다고
한참을 서성거렸네

오늘도 커피는 연인 되어
자유 사랑 그리움을 담아
노래할 날이 온다고 속삭여 주네.

- 조남대 -

사람은 자연에서 가장 연약한 존재이다. 그러나 생각하는 갈대로서 기록하고 노래하는 낭만을 지니고 있다.

시인은 삶 속에 체험한 〈아버지〉를 꾸밈없이 함축적인 시어로 잘 묘사하고 있다. 시인은 〈아버지〉에서 "아무리 힘들어도 결코 물러설 수도 없는 길'을 걷는 아버지를 주제로 한 6연 구성의 시이다.

그 소재들은 시작 1연에서 산 그림자가 스며든 저녁에 아버지의 등에 땀이 베인 지게를 서두소재로 고달픈 삶을 꺼내 보이고 있다.

중간 2연은 가족들을 먹이고 입히기 위해 논밭에서 흘린 땀과 한숨 속에서 아버지의 힘겨움과 외로움이 깊은 주름살에 녹아 내렸고, 3연은 세월이 주는 삶의 무게로 굽어지는 허리와 몸에 몹쓸 병이 주는 아픔과 심적 고뇌를 아무 일이 없단 듯이 오히려 세상에 남겨진 가족들을 위로 했다는 묘사는 찐한 감동을 주고 있다.

4연에서 작가는 아버지가 힘들고 슬픔이 있어도 울지 않고, 어느 날에는 지게를 내려놓고 물끄러미 자식들을 바라보셨던 의미를 알지 못했다고 은유하고 있다. 그 모습은 곧 보이지 않는 사랑·희생·강인함이었다는 것을 지금에야 깨달았지만, 아버지는 그 자리에 계시지 않음을 자탄한 것이다.
　마무리 5연은 거울 속에 또 하나의 아버지를 닮아간 자신에 놀라면서, 지난 날 아버지의 추억과 현재 작가 삶의 이야기를 시어로 노래하고 있다.
　〈카페에서〉 시의 주제는 커피를 마시며 코로나 전염병으로 인한 세계적 대유행에 따른 비대면 세상에서 답답함을 말하고, 각 소재에서는 창살 없는 감옥에서 탈출해 얻은 감정을 각 연에서 잘 묘사하고 있다.

　□ 보고픔 다음은 그리움

퇴근시간
생각없이 골목 안 요양병원으로 간다

아뿔싸. 엄마는 일 년 넘게
황령산 벚나무 아래에서 잠을 자고 있는데

가슴을 쓸며 방향을 튼다
눈물보다 보고픔을 참는 것이
더 짜다. 숙이는

함께 걸었던 태종대 자갈마당의 젊은 엄마를 본다

그것은 아픔인데도 가슴에 품는다
질곡의 숱한 날
눈물만이 아픔일까

숙이는 엄마에게 미안하고
나는 숙이게 미안하고
엄마는
동떨어져있는 며느리에게 늘 미안하다고 한다

미안 함들이 모여 살아가야 할 일상들

별도 선잠인 새벽
받지 못했던
감촉도 없는 엄마의 가슴을 더듬는다

"니 동생들 잘 끌어안고 살아가 주라"고
지겨운 잔소리

오늘 밤
그 잔소리가 그립다.

− 공대천 −

□ 송고버섯

아침을 열고 곰배령을 오른다
고운 야생화가 없다

기대한 일상과는 다른 날들이
우리를 맞는 것처럼

가파른 오름
가쁜 숨소리
늙어가는 서글픔이 길 위로 떨어진다

하산 길에서야 찾아온 위안
송고버섯을 만났다
송이와 표고를 접목시킨

입가에 서글픈 웃음이 번진다
너와 나를 닮았다

혀끝에 베여오는 향
소금 기름장 위로 떠오르는 얼굴
미안함을 담아
참 오랜만에 카톡을 날린다
답장이 싱그럽다

그녀는 서울에 도착할 때까지
자기만의 기름장을 만들며
미안함을 담고 있을지 모른다

새벽 출발 전에 꼭 안아주고 나올걸 그랬다.

− 공대천 −

시는 상상과 감정을 통한 언어의 그림이다.

시인은 좋은 시를 창작하기 위해 상상·묘사·비유·이미지 등을 통해 말하는 그림을 그린다.

시인은 〈보고픔 다음은 그리움〉에서 어머니에 대한 추억의 파편들을 조합하여 절절한 사모곡을 노래하고 있다.

시에서 시어는 묘사와 진술의 두 축으로 이뤄진다. 묘사에 치중한 시는 언어를 회화적인 방향으로 명료화시키고, 진술은 언어를 사고의 깊이로 체험화 시킨 것이다.

작가는 요양병원에 계셨던 어머니를 찾으며, 뼈아프게 보고 느꼈던 체험을 사고적·고백적·해석적으로 진술하고 있다.

시는 어떤 해답을 찾기 위한 작업은 아니지만, 질문을 던지고 노래하는 과정에서 보이게, 혹은 보이지 않은 의미부여는 있어야 한다. 작가는 동생들과 함께 잘 살아 주라는 지겨운 어머니의 잔소리가 그립다고 했다.

일상의 사실적인 시어에 가슴이 먹먹해진다. 작가는 어머니에 대한 보고픔을 넘어 그리움이라고 했다.

그리움은 길이 없고 끝이 없다는 점에서 사랑의 시작이고, 종점의 절규로 외치고 있다. 애타는 가슴 속에 떠나지 않은 그리움의 공간에 어머니가 울림이 되어 간절한 시어를 부르게 한다.

〈송고버섯〉은 산을 오르내리면서 가파르고 지친 삶 속에 너와 나를 닮은 송고버섯의 비유로 묘사하고 있다.

□ 폐지 줍는 어르신

무거운 인생을
담고 살아 가네

관절염에 꺾긴 다리
굳은살 박힌 손으로
리어카에 폐지 가득 실고
하루를 걸어 가네

춥고 더워도 일찍 나와야
폐지를 더 주울 수 있어
세끼 밥은 사치
온냉방 찾는 것은 욕심이라네

폐지 한 아름에 주름살 펴지만
한 리어카에 기껏 수 천원
그래도 비 오는 날보다는 추운 날이 좋아
허탕 안치고 한 끼 벌이라도 할 수 있으니까.

— 윤보경 —

시는 일그러진 사실을 아름답게 만드는 거울이라고 말한다.

시인은 〈폐지 줍는 어르신〉 시에서 사회적 상황을 개성적이고 독창적인 감정으로 잘 비유한 작품이다.

작가는 〈폐지 줍는 어르신〉의 주제를 4연으로 구성하였다. 시작 1연은 삶에 대한 고달픔을 알리고, 중간 2연에서는 개인의 실제적인 아픔을 직설로 묘사하고 3연은 춥고 더운 자연 속에서도 참고

견디며 폐지 줍는 어르신의 환경, 마무리 4연에서는 아무리 고달프고 어려워도 일 할 수 없는 비오는 날보다는 한 끼 밥값이라도 벌 수 있는 추운 날이 더 좋다는 의미부여가 아프게 한다.

□ 죽음

죽음은
돌아오지 못할 다리인가

세상이 천지만물
무슨 소용이냐
흙으로 돌아가는 것을

삶의 부귀영화
무슨 가치이냐
가져가지도 못한 것을

차가운 영안실 나와
달랑 옷 한 벌 입고
한 줌의 재가 되는 것을

마지막 떠날 때
눈물 한 방울
내 영혼을 가져가지도 못한 것을

성인들은 그래서
죽음을 기억하라(Memento mori) 했나 보다.

― 윤보경 ―

〈죽음〉을 주제로 한 시는 6연으로 구성되었다. 작가는 시작 1연에서 모든 생명체는 죽음의 다리를 건너면 다시는 돌아 올 수 없는 운명이라 했고, 중간 2연에서 5연까지는 천지만물도, 부귀영화도 헛되고, 마지막 수의 한 벌 입고 그냥 떠나는 빈손의 허망함을 이야기하고, 마무리 6연은 '메멘토 모리'이란 어조로 죽음의 깊이를 은유하고 있다.

□ 별이 된 당신

오늘도 마당에서
청명한 밤 하늘에
별을
헤이고 있어요

맑고 밝은 별 중에
동쪽하늘의 샛별이
말을
걸어 오네요

샛별이 된 당신
세월이 흐르고 보니
얼마나 소중한 사랑이었든가를
이제야 느꼈어요

샛별로 빛난 당신
세상을 살다보니
날 믿고 따라 준 고마움을

지금에야 알았어요

밤마다
소중한 당신을 마중하고
별빛에 편지 띄우며
영원히 사랑할게요.

- 박한규 -

〈별이 된 당신〉 시에서 작가는 하늘나라로 여행을 떠난 사랑한 사람의 처연가로서, 부부간의 의리와 은혜로서 사랑하고 있음을 주제로 한 5연 구성의 시이다. 각 소재에서 시작 1연은 청명한 밤하늘에 샛별이 된 아내를 그리고 이야기하며, 중간 2연에서 4연까지는 살아생전에 사랑과 고마움을 때 늦게 알게 됨에 애절함을 노래하고 있다. 마무리 5연에서 그 아픔은 영원한 속앓이가 되지만, 바쁘고 힘든 삶의 무게를 이겨 나가는데, 또 하나의 사랑에 힘으로 승화되어 간 마음을 의미부여로 형상화해 표현했다.

☐ 봄이 오는 소리

봄날이 그리워서
담 너머 눈길 줬더니
목련이 하얀 미소 짓고
산수유가 노란 손수건을 흔들고 있네

실개천 흐르는 물소리에
버들강아지도 눈 비비고
솜털 싹 키우며

따스한 햇살에 취해 미소 짓고 있네

깊은 산속에
새는 찬가를 부르고
봄바람에 나무들은 어깨를 부비며
은근히 능청을 떨고 있네

봄은 어린 듯해도
모진 겨울에
생명을 잉태시키고
찬란한 희망을 노래한다네.

- 박한규 -

시란 상상과 감정을 통한 인생의 해석인 것이다.

시인은 〈봄이 오는 소리〉에서 봄의 탄생과 그리움을 주제로 한 4연 구성의 시로서 역동적 계절감각으로 잘 그리고 있다.

각 소재에서 시작 1연은 봄이 그리워서 담 너머에 눈길 줬더니 목련 산수유가 미소짓고, 중간 2연과 3연은 어느 듯 나무들은 눈을 비비고, 새들은 찬가 부르며, 봄바람은 은근히 능청을 떨고, 마무리 4연은 새 생명과 희망을 노래하고 있다.

즉 작가는 찬연한 봄을 신선한 상상과 표현 감각으로 '오케스트라'를 지휘하는 동적 이미지로 잘 비유했다.

▫ 딸을 위한 기도

인생은 무거운 짐을 지고
가는 먼 길
급히 달리지 말고
천천히 가야 할 길

너 가다가
새싹이 보이거든
꿈의 소중함을 노래하고

너 가다가
작열한 빛이 뜨겁거든
열정적인 삶을 이야기하고

너 가다가
황금빛 들판을 걷거든
결실의 고마움에 감사하고

너 가다가
칼바람 눈보라를 맞거든
빨갛게 핀 동백의 인내를 배워 실천하고

삶이 뜻대로 안될 때도 주눅 들지 않고
세월을 뜨개질로 짜가는 길
그것이 인생길을 걷는 거라고.

- 김순일 -

시는 마음에서 우러난 그림이다.

시인은 〈딸을 위한 기도〉에서 세상에 하나밖에 없는 피붙이가 공부하고 결혼해서 새 가정을 이룬 딸에게 보낸 6연으로 구성된 심연의 간절한 기도가 주제이다.

그 주재에 따른 각 소재는 시작 1연에서 인생은 무거운 짐을 지고 가는 거라며 서둘지 말고 천천히 가라며 서두로 노래하고 있다. 중간 2연은 너 가다가 봄이 오면 꿈을 가꿀 줄 알고, 3연은 여름날이면 열정적인 삶을 살 줄 알아야 하고, 4연은 가을이면 결실의 고마움에 감사하며, 5연은 인생사에 칼바람 눈보라가 칠 때는 동백꽃을 닮아 참고 인내하며 사는 거라고 했다.

마무리 6연은 삶이 바람 데로 되지 않을 때도 주눅 들지 말고, 세월을 뜨개질 하며 중단 없이 정진해야 한다며 사랑의 격려를 잘 형상화한 작품이다.

□ 별을 따면서

청명한 밤하늘
별을 해는 마음에
예쁜 그리움이
사뿐히 내려 앉네

동녘하늘에
샛별이 뜰 때면
고향 집 뜰에 감나무 장독대 우물이
예쁜 추억의 노래를 부르게 하네

은하수가 쏟아져
견우와 직녀가 만나는 날이면
부모형제에게 먼저 가본 천국은 있던가요
물으며 이야기꽃을 피우네

북두성 빛나고
북두칠성이 나래를 펼 때면
나침판이 되어준 학우 스승님들
사회의 성취와 동경이 춤추게 하네

오늘 밤도
별들이 가득한 벌판에서
예쁜 추억과 그리움을
하나씩 따고 있네.

— 김순일 —

〈별을 따면서〉 시는 오늘날 작가를 존재하게 해 준 부모형제 그리고 사회적 만남의 성취에 감사한 마음을 주제로 한 5연으로 구성된 시이다.

각 소재에서 시작 1연은 밤하늘에 별들이 추억의 그리움이 되어 내려오고, 중간 2연은 초저녁에 뜬 샛별은 고향집의 뜰에 모깃불 피우며 평상에 누어 별들을 헤이임을 그렸다. 3연은 은하수가 핀 세상에서 작가를 바라보고 계실 부모형제들에 대한 아련한 그리움의 울렁거림을 묘사하고, 4연은 북극성의 별에서 인생항로의 길을 잃고 방황할 때에 나침판이 되어준 친구와 스승에 대한 감사를 담았다.

마무리 5연에서는 청명한 밤하늘에 가득한 추억의 별들을 하나씩 소환하며, 행복한 시간들을 되새김질하고 있다.

□ 입 춘

겨울 품속에
가슴 시린 추억
지루한 시간 떠난 자리에
봄이 오는 소리 들리네요

얼어붙은 공간에
따스한 기운으로 애무하는
한 줄기의 햇살에
봄이 기지개를 켜네요

앙상한 가지에
살결 찢으며 솟아오른 파릇한 싹들
까닭 모르는 그리움이 되어
바람 속에 사랑을 키우네요

입춘 타고 온 당신을
창밖으로 달려가
사랑의 세레나데 부르며
기다릴게요.

- 김기담 -

〈입 춘〉 시에서 작가는 계절이 주는 서정을 주제로 한 4연 구성의 시이다.

각 소재에서 시작 1연은 겨울을 밀어내고 살며시 다가온 소리를 듣고, 중간 2연과 3연은 살아 있음의 기지개를 키며 입춘 타고 온 봄을 기다리겠다는 작가의 보이지 않는 삶과 희망을 노래하고 있다.

마무리 4연은 겨울 같은 어둡고 힘든 삶의 무게에 짓눌리지 않고, 입춘타고 온 당신을 들뜨고 기쁜 마음으로 맞이하며 노래하고 싶다는 소망을 의미부여로 묘사했다.

□ 망월동의 영혼들

망월동 가는 길에
피 울림의 봄비가 내리고
태극기도 고개 숙이고 있네

자유와 민주
정의와 평화의 함성이
소리 없는 아우성이 되고
억울한 무덤들이
산천은 알고 있다며 심장을 치네

5월의 아픔 속에
사랑도 미움도
명예도 원망도 없이 묻힌 영혼
죽어서도 죽지 않는 영웅들 앞에서
차마 미안하고 부끄러워 눈물만 흘리네

역사는 망월동을
민주 성지로 기억하리라
고통없는 세상에서 편히 잠드시라.

- 김기담 -

삶 속에 크고 작은 흔적들은 역사가 되어 추억하게 된다.

시인은 〈망월동의 영혼들〉 시에서 "역사 없이는 자유가 없고, 자유 없이는 역사도 없다"는 주제를 4연 구성으로 의미를 부여하고 있다.

각 소재에서 시작 1연은 꽃비가 내리던 날에 자유와 정의를 빚어낸 망월동에 영혼들을 찾았다. 중간 2연과 3연은 오늘을 살고 있음에 미안함과 역사 앞에 부끄러움이 없는 삶의 다짐을 주지적 비유로 잘 그려냈다.

마무리 4연에서 정의는 결코 죽지 않고 꽃을 피운다는 진리를 믿고, 역사는 그날의 영혼들에게 고통없는 세상에서 편히 잠드시라 했을 것이다.

이 시는 주지적인 시로서 내밀하게 그날의 역사적 사실을 형상화한 자성과 깨달음 일 것이다.

□ 삶이란

세상의 싸움터에서
흰 그림자 검은 그림자를
낳고 담아 가는 여정

숨 가픈 청춘도 가고
뜨거운 사랑의 계절도 떠나지만
항상 미래의 꿈에 설레는 마음

어둠의 긴 터널을 통해
　　삶의 의미를 배우고
　　희망이 진실을 일깨우는 모험

　　삶이 흔들릴지라도
　　살만하다는 긍정으로 볼 때면
　　슬픔이 들어설 자리가 없는 공간

　　마지막 남기고 싶은 말 한마디는
　　고독 속에 평안한 그늘 만들어
　　곱고도 행복한 삶의 여행길이었다고.
　　　　　　　　　　　　　　　　　　　　　　－ 서교분 －

　삶을 배우려면 일생이 걸린다. 왜야하면 그저 존재하는 것이 아니라 좋은 삶의 흔적을 남겨야하기 때문이다.
　시인은 〈삶이란〉 시에서 삶의 기쁨도 크지만, 자각 있는 기쁨은 더욱 크다는 것을 주제로 한 5연 구성의 시이다.
　삶의 의문에 대한 탐구에서 시작 1연은 삶이란 세상의 싸움터에서 희·노·애·락을 뿌리고, 그 결과를 담아가는 여정이라고 했다. 중간 2연은 젊었을 때에 부 및 명예와 사랑에 웃고 울다가 세월이 흘러가지만 마음만큼은 항상 미래의 꿈으로 설레는 것이고, 3연은 아픔이란 어둠의 터널을 통해 삶의 의미를 배우고 일깨우는 모험이라고 했고, 4연은 아무리 어려운 삶일지라도 긍정적으로 생각하면 슬픔이 들어설 공간이 없는 것이 곧 좋은 삶이라고 노래하고 있다.

　작가는 마무리 5연에서 외롭고 고독한 삶에서도 만들어진 나그네 길은 곱고도 행복한 삶의 숙소이었다고 삶을 긍정으로 음미하고 있다.

□ 희 망

희망은
미래에 살고
현재는 언제나 무거운 짐

희망은
삶을 개척하라고
용기를 주는 용광로

희망은
견딜 수 없는 음지 마디에
지칠 줄 모른 생명을 불태우는 십자가

희망은
늘어진 발걸음을
다시 날개 한 독수리

희망은
어둔 바닥에 가라앉을 때마다
끊임없이 밀어 올리는 영혼의 부력이라네.
　　　　　　　　　　　　　　　－ 서교분 －

〈희망〉이란 시의 주제는 인생살이에서 항상 즐겁고 행복한 일만 이 있는 것이 아니기에 희망은 중요하다. 힘들고 괴로운 좌절된 삶의 굽이굽이마다 희망은 새로운 다짐과 출발의 불씨가 되었음을 5연 구성의 형상화로 표현했다.

작가는 희망을 시작 1연에서 현재의 무거운 짐을 짊어지고 갈 수 있는 것도 미래는 잘 될 것이란 희망 때문이다. 중간 2연에서 4연까지는 그 희망은 절망의 절벽에서 다시 일어날 수 있는 용기를 주는 용광로이고, 음지에서 생명을 일으키는 십자가이며. 다시 날개 하는 힘이라고 했다.

특히 작가는 마무리 5연에서 희망은 세상에서 좌절하고 주저앉아 신음할 때마다 다시 일어나 뛰라며 밀어 올리는 '영혼의 부력'이란 의미부여로 은유하고 있다.

口 고향의 봄

햇살이 햇무리구름 사이로
어슴새벽을 쓸어내는 마당 둔덕에
참새무리 수다를 떨며 가지마다 노란 봄 씨앗
파종하느라 소란스럽네

밀어도 밀어내도 그리움 한 줌을 감싸 쥔 두 손안에
흐드러지게 핀 노오란 그리움은
다시 오지 않을 줄 알면서도
쓸어내며 불을 지폈네

고향은 넓은 벌 동쪽으로 쪽빛 넘실거리고
남대천 휘몰이 나가면 은어 오르고
누렁소 울음을 우는 곳
불알친구 웃는 곳이라네

강릉에는 솔향기 가득하고
대숲에 일렁이는 바람의 노래가
해당화를 어르는 고향
차마 잊지 못하네.

— 김오기 —

  시는 넘쳐흐르는 감정의 힘찬 표출이다.

  〈고향의 봄〉에서 주제는 고향을 그리는 마음으로 4연 구성의 시이다.

  그 소재들은 시작 1연에서 햇살은 가지마다 노랗게 봄 씨앗 파종이란 묘사로 고향의 봄을 담았다

  중간 2연은 밀어도 밀어내도 떠오르는 두 손안에 노오란 그리움, 3연은 누렁소 울음과 불알친구들이 웃는 그곳에 짙은 가고픔이 마음에 가득함을 담았다. 마무리 4연은 결코 잊을 수 없는 솔향기, 대숲바람, 바닷가의 해당화를 이미지화하면서 고향추억의 파편들을 조합해 망향가를 깊고 길게 부르고 있다.

□ 첫 사랑

가슴앓이는
그 집 싸리울에 흐드러진 목련 꽃만큼이나
곱고 화사하도록 두근거리었지만
접고 접다가 돌아서는 마음
끝내 마음을 내어놓지는 못했지요

풀잎에 스치는 바람 소리
장미 가시를 품으려고 아파하기에는
너무나 초라하였기에
차마 즈려품을 수는 없었지요

초승달 뜨고
박넝클 숲에 플벌레 울고
영롱한 별빛들이 무수히 쏟아지는 긴긴밤이면
눈시울이 붉어지도록
그리움이 넘쳐 오네요.

― 김오기 ―

〈첫사랑〉 시의 주제는 열매 없는 사랑에 대한 애절함을 노래한 3연 구성의 시이다.

누가 말했던가? "첫 사랑은 이뤄지기 힘든 향기이라고……" 그 소재들은 시작 1연에서 첫사랑 고백에 대한 가슴앓이, 중간 2연은 차마 즈려품을 수 없는 마음의 한, 마무리 3연은 초승달 풀벌레 우는 밤이면 별을 헤이며 누시울이 붉거지도록 그립다고 진술하고 있다.

인간은 사랑했을 때에 누구나 시인이 된다는 말이 있다. 어쩜 첫사랑의 서정이 오래도록 가슴에 남아 오늘날 작가를 탄생케 한 동력이 되었을 수도 있겠다.

2. 시인의 작품 활동과 감상

가. 시인의 작품활동이란

시는 상상과 감정을 통한 인생의 해석이기 때문에 시인은 언어의 건축사라고 말한다. 시인은 좋은 언어의 건축을 위해 상상하고 쓰고 지우고 다시 쓰며 고뇌하면서도, 활발한 작품 활동은 행복한 것이다.

좋은 시란 과연 어떤 것인가?

한번이라도 더 읽고 싶은 글, 마음에 느낌과 인상이 남아 있는 글이 좋은 시가 될 것이다. 이런 시는 감동, 새로움, 흥미, 지식, 정서, 교훈, 평화, 용기, 지혜 등을 주며 독자들의 삶에 가치와 느낌, 그리고 의미부여로 깨달음을 준 글일 것이다. 시를 읽을 때에 독자가 체험하지 못했던 새로운 세계가 펼쳐지면 흥미와 호기심을 가지게 될 것이고, 상상하지 못했던 것을 발견하면 즐거움과 감동으로 이어지게 된다.

시인의 작품활동이란 지금 내가 살아 있음을 가깝게 느끼고, 나의 내면을 들여다보며 삶에 의미를 찾아 생생하게 존재의 가치를 깨닫게 해 준 것이 바로 시의 힘이고 문학의 힘이기 때문이다.

나. 작품의 감상과 창작

마음의 감동을 줄 수 있는 좋은 글, 좋은 시를 창작하기 위해 시인은 ① 새로운 눈을 가지고 대상을 찾아 발상(상상)하고, ② 무엇을 쓰고 말하고 싶은 가의 주제(제목)를 선정하여 구상해야 한다.

또한 ③ 주제(제목)에 알 맞는 소재(글감)들을 찾아 사용해야 하고, ④ 다양한 시의 언어와 표현방법인 상상력·묘사·운율·이미지·비유·상징 등을 시의 행과 연으로 구성해 쓰고 퇴고해서, 의미 있는 시를 창작하며 작품 활동을 하는 것이다.

이 같이 시의 이론과 실제를 보고 이해한 바탕위에서, 다양한 시의 유형을 읽고 감상하며 시를 창작하는 인생은 곧 행복한 삶을 누리는 것이다.

▢ 촛불

촛불
심지에 불을 붙이면
그 때부터 종말을 향해
출발하는 것이다

어둠을 밀어내는
그 연약한 저항
누구의 정신을 배운
조용한 희생일까

존재할 때
이미 마련되어 있는
시간의 국한을 모르고 있는 운명이다

한정된 시간을
불태워가도
슬퍼하지 않고
순간을 꽃으로 향유하며
춤추는 촛불

— 황금찬 〈촛 불〉 전문[48]

---

48) 한국문인협회 도봉지부 〈서울도봉문학인〉 2019. 참조

□ 마음에 부치는 노래

세상이 거친 바다라도
그 위에 비치는 별이 떠 있느니라
까불리는 조각배 같은 내 마음아
너는 거기서도 눈 떠 바라보기를 잊지 마라

역사가 썩어진 흙탕이라도
그 밑에 기름진 맛이 들었느니라
뒹구는 한 떨기 꽃 같은 내 마음아
너는 거기서도 뿌리박길 잊지 마라

인생이 가시밭이라도
그 속에 으늑한 구석이 있느니라
쫓겨 가는 참새 같은 내 마음아
너는 거기서도 사랑의 보금자리 짓기를 잊지 마라

삶의 봄풀에 꿈이라도
그 끝에 맑은 구슬이 맺히느니라
지나가는 나비 같은 내 마음아
너는 거기서도 영원의 향기 마시기를 잊지 마라.
— 함석헌 〈마음에 부치는 노래〉 전문[49]

---

49) 한국문인협회 도봉지부, 전개서 참조

□ 겨울나무

겨울나무
알몸 되어
천상을 향해 빌고 있네

푸른 잎
치장하고
가지마디에 새 둥지 틀어
노래하게 했던 허리 굽은 나무
지친 세월
다하지 못한 말
주름진 껍질에 담고
차거운 땅 지키고 있네

모진 삭풍에
하얀 눈물 흘린
가파른 고갯길
생명의 계절이 오면
잃은 소망 잊은 사랑
다시 일깨워
희망 노래하리라.

— 조영갑 〈겨울나무〉 전문[50]

---

50) 조영갑 〈사랑의 덫에 걸린 행복〉 월간문학. 2015. 참조

□ 흰 국화꽃

찬 서리 비바람 맞으며
외롭고 서글픈 계절에 핀 국화꽃
임의 아픈 소리 듣는다
가파른 산등성의 초승달
사그락 스치는 바람결에도
눈물이 흐른다.

하나 뿐인 목숨 바쳐
지켜낸 전쟁과 평화
국가 위한 값진 희생이었지만
모든 걸 앗아갔던 그 날의 어둠
임의 숨결 붙잡지 못한 역사를
가슴에 묻는다.

노을 진 소리없는 아우성
임의 영혼은 빗방울 되어
푸른 생명 키우고
영원히 시들지 않는
대대손손 민족의 충혼을
그릇에 채운다.

호국영령에
충절과 희생을 기억한 국민
임의 사랑 잊지 않고
소복단장한 삶을 꽃피워가는 미망인
그 이름은
흰 국화꽃이어라.

— 하택례 〈흰 국화꽃〉 전문[51]

---

51) '흰 국화꽃' 시는 〈대한민국전몰군경미망인회 60년사〉의 첫 장에 수록된 대표적인 시이다.

□ 매 미

여름 내내
희망을 키워온
그 목소리에
세상 끝내야 하는 설움이
가을 기색으로
역력하게 들려온다
너무 울어버려
텅 빈
그의 허물처럼.

― 김경수 〈매미〉 전문[52]

---

52) 김경수 〈서툰 곡선〉 현자. 2013. 참조

□ 풀꽃

자세히 보아야
예쁘다

오래 보아야
사랑스럽다

너도 그렇다.

- 나태주 〈풀꽃〉 전문[53]

---

53) 나태주 〈풀꽃 향기 한줌〉 2015. 푸른길 참조

▢ 가을이 오는 소리

가을은
알지 못하는 바람에서 온다
빈 수수밭 바스락 거리는
산들바람이었을까

가을은
알지 못하는 색에서 온다
산 벚나무 단풍지는 잎새였을까

가을은
알지 못하는 새에게서 온다
시월의 숲속 은방울 새였을까

가을이 오는 소리는
빛바랜 그리움의 우표로
시월에 엽서로 온다.

- 김종대,〈가을이 오는 소리〉 전문[54]

---

54) 김종대 〈토담의 수채화〉 한국문인. 2019. 참조

□ 들국화는 피었는데

찬 서리
피탄으로 스러진
낙엽이
갈 길을 잃고
떨고 있을 때
홀로 피어 있는
들국화
어머니 모습입니다

고향 길 찾을 때
흰머리 휘날리며 달려와
들국화차 향기로
안아 주셨습니다
떠나올 때
주름진 얼굴에 서리 맺힌
들고화 생약 주며
배웅해 주셨습니다

올 찬 서리에도
들국화는 피었습니다
일찍이 청상 홀로 되시어
자식 위해
단장의 기도하시고
희망과 용기를 주셨던 어머니

지금에야
청초한 들국화 향기를 알 것 같은데
어머니는
거기에 계시지 않았습니다.
- 조영갑 〈들국화는 피었는데〉 전문[55]

---

55) 조영갑. 전개서 참조

□ 산

산을 아는 사람은 안다
산이 술처럼 편안하고 친구처럼
든든하다는 걸
산과 동침해 본 사람은 안다
산이 숫처녀처럼 순결하고 애인처럼
뜨겁다는 걸
산과 살아 본 사람은 안다
산이 마누라처럼 포근하고 어머니처럼
헌신적이라는 걸
한 번 가봐라, 가서 통성명을 해 보라
일단 그대의 깊이만큼
산은 산을 보여 줄 것이다.

-홍원기 〈산〉 전문[56]

□ 내가 너를

내가 너를 얼마나 좋아하는 지 너는 몰라도 된다
나를 좋아하는 마음은 오로지 나의 것이요
나의 그리움은 나 혼자만의 것으로도 넘치니까…
나는 이제 너 없이도 너를 좋아할 수 있다.

- 나태주 〈내가 너를〉 전문[57]

---

56) 홍원기 〈산〉 월간문학, 2013 참조
57) 윤동주 외 〈 내 인생에 힘이 되어준 시〉 북카라반 2021, 참조

□ 천리향 꽃

천리 밖에 있는 그대
보일 듯 보이지 않네요

보내고 싶은 사랑노래
많고 많지만
목소리가 너무 작아
전할 수가 없네요

깊숙이 간직했던 사랑 이야기
보이지 않는 언어
향기로 풀어서
바람에 날려 보내요

그대는
향기의 길 따라
한 마리 노랑나비로 날아오겠지요.

— 하택례 〈천리향 꽃〉 전문[58]

---

58) 하택례, 〈별빛으로 만난 행복〉 계간문예, 2015, 참조

□ 목련

잠시 머물렀다 떠나는
안타까움이다

한 점의 티끌도 허락지 않는
순백의 영혼이다

오랜 세월 가슴에 간직한
사랑의 언어이다

사월의 청자빛 하늘에 바치는
나의 눈물이다.

-김영월 〈목련〉 전문[59]

---

[59] 한국문인협회 도봉지부 〈서울도봉문학인〉 2019. 참조

□ 귀 천(歸天)

나 하늘로 돌아가리라
새벽빛 와 닿으면 스러지는
이슬 더불어 손에 손을 잡고

나 하늘로 돌아가리라
노을빛 함께 단둘이서
기슭에서 놀다가 구름 손짓하며는

나 하늘로 돌아가리라
아름다운 이 세상 소풍 끝내는 날
가서, 아름다웠더라고 말하리라.

― 천상병〈귀천〉전문[60]

---

60) 천상병〈귀천〉답게. 2021 참조

□ 님은 누구의 명령으로 잠들었는가.

하늘은 알았으리라
산천도 울었으리라
겨레의 눈부신 아침을 위해
흔적 없이 산화된 이름들이
찬연히 피운 한 떨기 꽃을

다시 6월은 오고
동강난 상처가 언제이런가
분단의 세월이 어둠을 잊었는가
통일 번영의 초석으로
꽃잎처럼 붉던 님은 돌아오지 않네

청자빛 하늘이 열리는 날
동해의 장엄한 일출의 서곡이
한라에서 백두까지
7천만 겨레의 뜨거운 가슴들이
불덩이 같은 눈물을 터트리며
우렁찬 통일의 노래를 부르리라

님이시여!
피우지도 못한 한생을 불살라
조국을 지켰기에
자랑스러운 님의 조국
대한민국의 이름을 부르노라고
영원토록 그 숨결 이어가리라.
　　　　　－ 김종대 〈님은 누구의 명령으로 잠들었는가〉 전문[61]

---
61) 김종대 〈토담의 수채화〉 한국문인, 2019 참조

□ 성에 낀 창문의 미학

겨울 창문에 나도 모르게 글씨를 쓴다
읽어 보니 네 이름

네가 없어도 여기
너의 눈 속에서 나를 본다

활짝 핀 하얀 찔레꽃 속에서
웃는 얼굴을 보았다

나에게 항상
비워 드는 보이지 않는
공간이 있다

언제라도 너의 이름을 쓰기 위해.
― 최창일 〈성에 낀 창문의 미학〉 전문[62]

---

62) 최창일 〈사랑하라. 빛이 그림자를 아름다워 하듯〉 푸른길. 2013. 참조

□ 눈 물

왜 울고 있니
슬픔에 외로움에
절로 나온
신음인 거니

닫힌 가슴
마음 놀 곳 하나 없던
설음 담아낸
울음인 거니

씌워진 가면
벗겨 달라 애원했던
기다림이
흘러 낸 거니

행복에 벅찬
순백의 눈물 손바닥으로
몰래 훔쳐낸
눈물인 거니....

— 이희헌 〈눈 물〉 전문[63]

---

63) 이희헌 〈눈물 꽃 편지〉 이가서, 2014. 참조

□ 어머니

돌아가신 어머니만큼
아흔둘 나이가 되어도
어머니가 그리워

노인 요양원으로
어머니를 찾아뵐 때마다
돌아오던 길의 괴롭던 마음

오래 오래 딸을 배웅하던
어머니
구름이 몰려오던 하늘
바람에 흔들리던 코스모스
지금도 또렷한
기억

　　　　　　　　　　　　　－시바다 도요 〈어머니〉 전문[64]

---

64) 시바다 도요 〈약해지지 마: 채숙향 옮김〉 지식여행. 2015 참조

□ 겨울 사랑

겨울 사랑
눈송이처럼 너에게 가고 싶다
머뭇거리지 말고
서성대지 말고
숨기지 말고
그냥 네 하얀 생애 속에 뛰어들어
따스한 겨울이 되고 싶다
천년 백설이 되고 싶다

-문정희 〈겨울 사랑〉 전문[65]

---

65) 윤동주 외 《내 인생에 힘이 되어준 시》 북카라반. 2021 참조

□ 불모지에서

갇힌 바다
통증으로 울부짖는 아침 바다에
선혈 같은 노을이 번지고 있다

자식새끼 데리고 와 맨발로
선재도 구름마을 앞 너른 갯벌을
한번 거닐어보라 새끼조개들
숨 쉬지 못해 죽어가고 있다

썩은 진흙
아스팔트처럼 단단해져 가는
갯벌에 청춘 묻은 사람들이 있다
조개들의 거대한 무덤

한때는 어머니 젖가슴 같았던 갯벌
유방암 수술 실패 뒤에
고름 질질 흘리고 있다… 지금.

이승하 〈불모지에서〉 전문[66]

---

66) 이승하《인간의 마을에 밤이 온다.》문학사상. 2005. 참조

□ 단풍 드는 날

버려야 할 것이
무엇인지를 아는 순간부터
나무는 가장 아름답게 불탄다

제 삶의 이유였던 것
제 몸의 전부였던 것
아낌없이 버리고 결심하면서
나무는 생의 절정에 선다

방하착
제가 키워온
그러나 이제는 무거워진
제 몸 하나씩 내려놓으면서

가장 황홀한 빛깔로
우리도 물이 드는 날.

― 도종환 〈단풍드는 날〉 전문[67]

---

67) 윤동주 외《 내 인생에 힘이 되어준 시》북카라반, 2021. 참조

□ 시의 집

나무 안에 수액이 흐르듯
내 가슴 안에는
늘 시가 흘러요

빛깔도 냄새도
말로는 다 설명할 수 없어
그냥 흐르게 놔두지요

여행길에 나를 따라오는 달처럼
내가 움직일 때마다
조용히 따라오는……

슬플 때도
힘이 되어주는 시가 흘러
고마운 삶이지요.

―이해인〈시인의 집〉전문[68]

---

68) 이해인〈서로사랑하면 언제라도 봄〉열림원. 2015. 참조

□ 풀잎과 이슬

연초록 어머니 등에 업혀
단잠 자고 있다

어머니는 미동도 없이
잠에서 깰세라 들릴까 말까
자장가 부른다
자거라, 자거라, 푹 자거라

보아라, 보아라
눈여겨 보아라
진주같이 말랑말랑 한 알몸으로
자고 있는 귀여운 저 모습을

휘어진 연초록 등에
미끄러져 떨어질까
위태롭다, 위태롭다
햇님이 웃으며 반겨 준다.

―리종화 〈풀잎과 이슬〉 전문[69]

---

69) 리종화 〈풀잎과 이슬〉 바닷바람. 2024 참조

□ 건망증

금방 말하려고 했던 것
글로 쓰려고 했던 것
잊어버리다니

너무 잘 두어서
찾지 못하는 물건
너무 깊이 간직해서
꺼내 쓰지 못하는
오래된 생각들

하루 종일 찾아도
소용이 없네

헛수고했다고
종이에 적으면서
마음을 고쳐먹기로 한다

이 세상 떠날 때도
잊고 갈 것
두고 갈 것
너무 많을 테니
미리 작은 죽음을
연습했다고 치지 뭐.

―이해인〈건망증〉전문[70]

---

70) 이해인〈서로사랑하면 언제라도 봄〉열림원. 2015. 참조

ㅁ 아무리 산이 험하고 바다가 거칠다 해도

산에 가는 자는
외로운 봉우리와
하늘을 찾아가는 것이다

바다를 가는 자는
넘실대는 파도
망망대해가 있어서다

요산자 요수자는
그런 꿈을 가진다

그리하여
아무리 산이 험하고
바다가 거칠다 해도

도전자는 끝내
그 산을 오르고
바다에 나갈 것이다

결과야
사주팔자에 맡기고
도전한다는 것이다.
　　　　　-서광식 〈아무리 산이 험하고 바다가 거칠다 해도〉 전문[71]

---

71) 서광식 〈미드라쉬:Midrash〉 시담모엠, 2021, 참조

□ 청개구리

백련지
꽃밭

싱그러운
망석
잎사귀

청개구리
한 마리

눈알
뒤룩뒤룩
굴리며

천연덕스럽게
날 오라
부르네.

— 임춘식 〈청개구리〉 전문[72]

---

72) 임춘식 〈꽃과 바람〉 월간문학 2012. 참조

□ 휴전선

금을 넘는 바람이 웃는다
그 넓이로 넘나드는 구름도 춤춘다
어깨를 나란히
철새들도 뭇짐승들도
마음껏 넘나드는 거 하늘과 땅
허나 사람들은 못 넘어 간다
너도 거기서도
마음만 오갈뿐
어쩔 수 없는 이방인 그러나
웃고 춤추는 저 너머에
분명 무엇이 있다
보일 듯 보이지 않는
하나로 이어지는 물길 같은
온새미로.

— 배문석 〈휴전선〉 전문[73]

---

73) 배문석 〈그 물감에 얼비치는 낯 설음〉 국보. 2020. 참조

□ 1004의 섬

신안은 가을에도 봄이다

표표히 떠난 사람 길 잃고 헤맬까봐
더듬고
또 더듬어서
1004개 인연의 섬이 어우러졌다

신안은 봄에도 가을이다.

― 차윤옥 〈1004의 섬〉 전문[74]

---

74) 차윤옥 〈두꺼비집〉 계간문예.2015. 참조

□ 술

나는 술을 좋아한다
그것도 막걸리로만
아주 적게 마신다.

술에 취하는 것은 죄다
죄를 짓다니 안될 말이다
취하면 동서사방을 모른다.

술은 예스 그리스도님도 만드셨다
조금씩 마신다는 건
죄가 아니다

인생은 고해다
그 괴로움을 달래 주는 것은
술뿐인 것이다.

— 천상병 〈술〉[75]

---

75) 천상병. 전게서 참조

▫ 저녁 풍경

땅거미가 산허리를 갉아먹을 때
숲 속 외딴 오두막집 굴뚝에서
저녁 짓는 연기가 피어오르면

나무들도 강물에 들어 몸을 씻고
어디선가 뻐꾸기가 짝을 부르고
조물주의 손길 따라 별이 돋는다

머루 빛 물감을 칠한 그림처럼
하늘은 가을의 빛으로 물들어
유리창마다 등불이 켜지는 초저녁

낙엽처럼 떠도는 계절
누구나 겨울잠이 따뜻한
하늘복음이 땅에 닿기를 기도하련다.

― 조미경 〈저녁 풍경〉 전문[76]

---

76) 조미경 〈여백〉 한국문학신문. 2020.참조

□ 사랑하는 사람

좋은 곳에 가면
같이 왔으면

맛있는 음식 있으면
함께 먹었으면

예쁜 옷 보면
입혀봤으면……

그가 어디 있건
그가 어떤 사람이건
내가 그 안에 있고
그가 내 안에 들어올 수 있는
그런 사람이야
사랑하는 사람은.

— 정영휘 〈사랑하는 사람〉 전문[77]

---

77) 정영휘 〈별빛마을 꽃나무〉 지식공감 2016. 참조

□ 산 아래 돌멩이

산에서 내려왔기에
산에서 부서져 나왔기에
편하게 산다.

어둡고 거친 세월이
아무리 등 떠밀어도
아랑곳없이 둥글둥글
산자락 어디에나 몸 던져놓고
걱정없이 산다.

누군들 너를 모를 리 없기에
아무도 간섭하지 않는다.
새도 짐승도 너를 보면
슬며시 비껴간다

산에서 내려왔기에
예전엔 산과도 같은 몸이었기에
아직도 편하게 산다.

— 김년균 〈산 아래 돌멩이〉 전문[78]

---

78) 김년균 〈자연을 생각하며〉 책만드는집 2012. 참조

□ 죽음의 문법

죽음 앞에 서면
어떤 동사도 움직일 수 없다
어떤 명사도 제자리를 지킬 수 없다
형용사와 부사는 갈 곳을 몰라 방황한다.

나와 너의 인칭도 구별되지 않고
단수와 복수도 가늠 할 수 없다

다만 지금까지 글 끝에 보이지 않던
종지부 마침표의 점만이 검은 태양처럼 떠오른다.
두 문자로 시작되었던 낱말들을 태양의 흑점이 삼켜버린다.
― 이어령 〈죽음의 문법〉 전문[79]

* 〈눈물 한 방울〉 책은 이어령 선생이 영면에 들기 한 달 전(2022년 1월)까지 노트에 손수 쓴 마지막 글이다.
  물음표와 느낌표 사이를 쉴 새 없이 오간 인생길에서, "물음표가 씨앗이라면, 느낌표는 꽃이다."라고 했다.
  그러면 '죽음이란.....? 선생님은 '죽음의 문법'이란 시에서 종지부 마침표로 비유하고, 그것마저 흑점이 삼켜버린 것이라고 했다.

---

79) 이어령 〈눈물 한 방울〉 김영사. 2022.. 참조

일생에 한 번

풀들은
수 백 번 비바람에 쓰러져도 일어나고
밟히고 짓뭉개져도 고개든 채
피워 내고 만다
일생에 한 번

천둥 번개가 내리쳐도
엎드려 숨을 죽인 채
피워 내고 만다
일생에 한 번

향기롭고 아름다운 건
고통과 절망
어둠과 인내 속에
뿌리박고 있기 때문이다

아, 나도 풀들처럼 꽃을 피울 수 있을까
무엇으로 피울까.
 － 정목일 〈일생에 한 번〉 전문[80]

---

80) 정목일 〈잎의 말〉 나무향. 2018. 참조

□ 삶이 그대를 속일지라도

삶이 그대를 속일지라도
슬퍼하거나 노하지 말라
슬픔을 참고 견디면
기쁨의 날이 옴을 믿으라.

마음은 미래에 사는 것
오늘은 언제나 슬픈 것
모든 것은 한 순간에 지나가는 것
지나간 것은 또다시 그리워지는 것을.

— 푸쉬킨 〈삶이 그대를 속일지라도〉 전문[81]

---

81) 알렉산드르 푸쉬킨 〈삶이 그대를 속일지라도〉 (박형규 옮김). 세네스트. 2020.참조

◻ 가을

수풀 속의 새여
너희들의 노래가
단풍 드는 숲을 따라 하늘거린다.
새여, 서둘러라.

머잖아 바람이 불어오고
수확하러 죽음이 온다.
회색 요괴가 와서 웃으면
우리들의 심장은 얼어붙고
정원도 모두 화사함을 잃고
생명은 모두 빛을 잃는다.

잎 속의 다정한 새여
사랑하는 아우여
함께 노래하고 즐거워하자.
머잖아 우리들은 먼지가 된다.

― 헤르만 헤세 〈가을〉전문[82]

---

82) 헤르만 헤세〈헤르만 헤세 시집〉(송영택 옮김) 문예출판사. 2022 참조

▫ 그리움을 아는 사람만이

그리움을 아는 사람만이
나의 슬픔을 알아줍니다.
나는 모든 기쁨을 등지고
홀로
저 멀리
푸른 하늘을 바라봅니다.
아, 나를 사랑하고 알아주는 사람은
먼 곳에 있습니다.
어지럽고
속이 탑니다.
그리움을 아는 사람만이
나의 슬픔을 알아줍니다.

― 괴테 〈그리움을 아는 사람만이〉 전문[83]

---

83) 괴테 〈괴테시집〉 (송영택 옮김) 문예출판사. 2022. 참조

□ 어머니에게

이야기할 것이 참 많았습니다.
너무나 오랫동안 저는 객지에 있었습니다
그러나 저를 가장 잘 이해해 준 분은
언제나 당신이었습니다.

오래전부터 당신에게 드리려던
나의 최초의 선물을
수줍은 어린아이 손에 쥔 지금
당신은 눈을 감고 말았습니다.

그러나 이것을 읽고 있으면
이상하게도 슬픔이 씻기는 듯합니다.
말할 수 없이 너그러운 당신이, 천 가닥의 실로
저를 둘러싸고 있기 때문입니다.

― 헤르만 헤세 〈어머니에게〉 전문[84]

---

84) 헤르만 헤세 《헤르만 헤세 시집》 (송영택 옮김) 문예출판사. 2022 참조

□ 인생은 크다

인생은 크다. 부서지는 물결보다 더 거칠고
숲에 몰아치는 폭풍보다 더 세차다.
어머니는 때때로 이렇게 느낀다.
그리고 가만히 시간을 풀어주고
마음은 꿈에 맡긴다.

그리고는 알게 된다. 그윽한 경치 위에 별 하나가
말없이 반짝이고 있다는 것을.
그리고 자기 집의 벽이 모두 하얗다는 것을.
그래서 생각한다. 인생은 멀고도 알 수 없는 것이라고.
그리고는 주름진 두 손을 모은다.

― R.M. 릴케〈인생은 크다〉전문[85]

---

85) R.M. 릴케〈가을〉(송영택 옮김) 문예출판사, 2024 참조

▢ 짝 잃은 기러기

짝 잃은 기러기 새벽 하늘에
외마디 소리 이끌며 별 밭을 가네
단 한 잠도 못 맺은 기나긴 겨울밤을
기러기 홀로 나 홀로 잠든 천지에 울며 헤매네.

허구한 날 밤이면 밤을
마음속으로 파고만 드는 그의 그림자
덩이피에 벌룽거리는 사나이의 염통이
조그만 소녀의 손에 살로잡히고 말았네.

— 심훈 〈짝 잃은 기러기〉 전문[86]

---

86) 심훈 〈그날이 오면〉 심훈상록문학회. 2021. 참조

□ 나의 꿈

당신이 맑은 새벽에 나무 그늘 사이에서 산보할 때에
나의 꿈은 작은 별이 되어서
당신의 머리 위를 지키고 있겠습니다

당신이 여름날에 더위를 못 이기어 낮잠을 자거든
나의 꿈은 맑은 바람이 되어서
당신의 주위에 떠돌겠습니다

당신이 고요한 가을밤에 그윽이 앉아서 글을 볼 때에
나의 꿈은 귀뚜라미가 되어서
당신의 책상 밑에서 '귀뚤귀뚤' 울겠습니다.

― 한용운 〈나의 꿈〉 전문[87]

---

87) 윤동주 외 〈 내 인생에 힘이 되어준 시〉 북카라반, 2021. 참조

□ 바람이 오면

바람이 오면
오는 대로 두었다가
가게 하세요

그리움이 오면
오는 대로 두었다가
가게 하세요

아픔도 오겠지요
머물러 살겠지요
살다간 가겠지요

세월도 그렇게
왔다간 갈 거예요
가도록 그냥 두세요.

— 도종환 〈바람이 오면〉 전문[88]

---

88) 윤동주 외. 전개서 참조

□ 허공의 편지

죽어라 하고 사랑한 너를 위해서
편지 한 장, 없이 저물어버린
저 하늘 가장자리에
어쩌면 구름짱마냥 일어나는
머나먼 그리움이
쑥니풀로 자라나는
깊디깊은 내 마음의 산천.

— 권일송 〈허공의 편지〉 전문[89]

---

89) 권일송, 〈숲은 밤에도 잠들지 않았다.〉 양하, 1994. 참조

□ 봄 길

길이 끝나는 곳에서도
길이 있다
길이 끝나는 곳에서도
길이 되는 사람이 있다
스스로 봄 길이 되어
끝없이 걸어가는 사람이 있다
강물은 흐르다가 멈추고
새들은 날아가 돌아오지 않고
하늘과 땅 사이의 모든 꽃잎은 흩어져도
보라
사랑이 끝난 곳에서도
사랑으로 남아 있는 사람이 있다
스스로 사랑이 되어
한없이 봄 길을 걸어가는 사람이 있다.

– 정호승 〈봄 길〉 전문[90]

---

90) 윤동주 외. 전게서 참조

□ 호 수

얼굴 하나야
손바닥 둘로
폭 가리지만

보고 싶은 마음
호수만 하니
눈 감을 밖에.

— 정지용 〈호수〉 전문[91]

---

91) 윤동주 외 전게서 참조

▫ 그러니 하고 살자

친구야
티끌만 한
생각하나에도
가슴앓이하는 친구야
세상일 모두다
그러니 하고 살자

가지각색의 꽃잎들이
제각기 꿈을 꾸고
있나니

내 마음대로 되는 일이
어찌 하나라도 있겠나
바람불면 부는 대로
물결치면 치는 대로
흔들리면서 살자

쉬어서 가는 인생
가다가 못 볼 것 있더라도
뭐 그리 답답할게
뭐 있더냐

모두를 내려놓으면
어찌 그리 편할 텐데
세상일 그러니 하고
그렇게 살자꾸나
생각을 내려놓고...

― 김 전 〈그러니 하고 살자〉 전문[92]

---

92) 김전 : 시인. 시조시인. 문학평론가.
　　겨울분재 시집. 시인의 가슴에 화장을 해 주고 싶었네 평론집 외 다수. 현대시조문학상.
　　문학세계문학상. 목우문학상 외 다수. 한국문학신문 논설위원. 월간국보문학 편집 주간 외

□ 선 물

하늘 아래 내가 받은
가장 커다란 선물은
오늘입니다

오늘 받은 선물 가운데서도
가장 아름다운 선물은
당신입니다

당신 나지막한 목소리와
웃는 얼굴, 콧노래 한 구절이면
한아름 바다를 안은 듯한 기쁨이겠습니다.

— 나태주 〈선 물〉 전문[93]

---

93) 윤동주 외 전게서. 참조

□ 말. 말. 말

건너간 말 잡을 수 없고
건너오는 말 막지 못하는 것
말 앞에 거울을 걸어라.

― 이오장 〈말. 말. 말〉 전문

□ 질경이

밟아놓고 아픔을 묻지 말고
너도 밟혀봐
내 삶의 의미를 알 수 있어.

― 이오장 〈질경이〉 전문[94]

---

94) 이오장 〈은행꽃〉 스타북스. 2024 참조

□ '꼰대'로 늙지 않기를

시들어 아름다운 꽃이 없듯이
검버섯 핀 잔소리를 좋아하는 사람도 없더라.

'나 때는 말이야'
어설픈 논리로
누구를 설득 하려는가

달려가는 세월에
따르지 못한 손 발짓
이별이 아쉬워도 서러워 말 것을.

— 양희봉 〈'꼰대'로 늙지 않기를〉 전문[95]

---

95) 양희봉 〈내 마음 꽃으로 말합니다〉 명성서림. 2021. 참조

□ 비목

포연이 가득했던
비무장 산등선
조국의 부름에 부모형제 지켰던
이름 모를 비목
고향 갈 길 잃고
들리지 않는 울림
허공을 떠도네

고요한 달빛에 젖어
철책능선에 흐른 침묵
긴 세월 비바람에 지쳐
이끼 낀 돌무덤 되고
애달픈 추억이 그리워
불안한 대지 위에 이름 모를 초목
가득 채우네

비무장지대에
비목 노래
언제쯤 멈출까.

― 조영갑 〈비 목〉 전문[96]

---

96) 조영갑. 전개서 참조

□ 사랑이 아픔일 때

사랑이 아프길래
어딜 갈까 망설이다
내과에 들려
어디 아프냐고 묻는
의사의 문진에
가슴만 아프다 말하니
청진기 이리저리
심장의 소리 들어도
답을 못 찾아
처음 보는 병이라
잘 먹고 운동 열심히 하라는
처방전에 가물거리는
아픔 못 찾는 시름에
사랑은 병이 아니고
마음만 아픈 것인가 체념으로
돌아오는 길 어지럼 뒤에
햇살이 따라오면서
눈이 부십니다.

— 채수영 〈사랑이 아픔일 때〉 전문[97]

---

97) 채수영 〈한국문학의 평행이론〉 국보문학. 2018. 참조

□ 고사목을 위하여

고사목을 위하여
슬퍼하지 말아라

허리 굽은 나무들이
어디 산 속에만 있다더냐

그토록 큰 바람에 시달렸어도
굽은 듯이 꼿꼿한 의지의 날개여

바람 바람 바람
9할이 눈물뿐인 이승의 바람결

굽힐 때 굽힐 줄을 아는 것도
영물의 지혜 속하나니

고사목을 위하여
울음 울지 말아라.

― 권일송 〈枯死木을 위하여〉 전문[98]

---

98) 권일송. 전개서 참조

□ 편 지

그대만큼 사랑스러운 사람을 본 일이 없다
그대만큼 나를 외롭게 한 이도 없었다
이 생각을 하면 내가 꼭 울게 된다

그대만큼 나를 정직하게 해준 이가 없었다
내 안을 비추는 그대는 제일로 영롱한 거울
그대의 깊이를 다 지나가면 글썽이는 눈매의 내가 있다
나의 시작이다

그대에게 매일 편지를 쓴다
한 구절 쓰면 한 구절을 와서 읽는 그대
그래서 이 편지는 한 번도 부치지 않는다.

— 김남조 〈편 지〉 전문[99]

---

99) 윤동주 외. 전게서 참조

□ 바람이 하는 말

물은 끊임없이 흘러도
소리 없이 흐르고
나뭇가지는
바람에 흔들려도 제자리를 지킨다

해와 달은 밤낮을 갈라놓지만
강물은 흘러내려야 강물이다
바람이 속삭여야 꽃이 피지만
시인은 외로와야 시인이다
깊은 산속에서
목어처럼 흔들리며
소리 없이 울어야
참 시인이다

겨울강 밟으며 서릿발 위해서

바람소리 들을 줄 알아야

참 시인이리.

— 김전 〈바람이 하는 말〉[100]

---

100) 김전. 전개서 참조

▫ 그리운 사람이 있다는 것은

살아가면서 언제나
그리운 사람이 있다는 것은
내일이 어려서 기쁘리

살아가면서 언제나
그리운 사람이 있다는 것은
오늘이 지루하지 않아서 기쁘리

살아가면서, 언제나
그리운 사람이 있다는 것은
늙어가는 것을 늦춰서 기쁘리

이러다가 언젠가는 내가 먼저 떠나
이 세상에서는 만나지 못하더라도
그것으로 얼마나 행복하리

아, 그리운 사람이 있다는 것은
날이 가고 날이 오는 먼 세월이
그리움으로 곱게 나를 이끌어가면서
다하지 못한 외로움이 훈훈한 바람이 되려나
얼마나 허전한 고마운 사람인가.
— 조병화 〈그리운 사람이 있다는 것은〉 전문[101]

---

101) 윤동주 외. 전게서. 참조

▫ 민들레꽃

까닭 없이 마음 외로울 때는
노오란 민들레꽃 한 송이도
애처럽게 그리워지는데

아 얼마나한 위로이랴
소리쳐 부를 수도 없는 이 아득한 거리에
그대 조용히 나를 찾아오느니

사랑한다는 말 이 한마디는
내 이 세상 온전히 떠난 뒤에 남을 것

잊어버린다. 못 잊어 차라리 병이 되어도
아 얼마나한 위로이랴
그대 맑은 눈을 들어 나를 보느니.

— 조지훈 〈민들레꽃〉 전문[102]

---

102) 윤동주 외. 전게서 참조

▫ 스퀘어 181*

스퀘어 181에 가면
무지개다리를 만난다
하늘과 대지를 잇는
숨이 살아나는 집을 만난다

은빛 찬란한 비늘들이
싱싱한 날개를 펄떡이고
직선들의 모서리가
바람을 이고 사는 집

그 집엔
창공의 푸름을 끌어안은 채
직선의 조화가 하늘을 물고서
싱싱한 색깔을 입히고 있다

꼬마 숲을 품고
삭막함이 눈을 감는 스퀘어 181
누구나 다가갈 수 있는
오아시스가 거기에 있다

자작나무와 양치식물들이 반기는
앙증맞은 쉼터가
그곳에 날개를 접고 있다
웅대한 꿈이 숨 쉬고 있다

― 임수홍 〈스퀘어 181〉 전문

---

* 스퀘어 181 : 서울시 서초구 방배중앙로 181

□ 희 망

삶이 공허하고
힘이 빠질 때
그윽한 눈길로
웃어 주던 너

하루가 고통스럽고
눈물 흘릴 때
조용한 노래로
위로 해주던 너

미래가 어둡고
어디로 가야할 지
나침판이 없을 때도
꿈을 찾게 해준 너

네 품안에 영원히 깨어 있고 싶다
살아 있는 희망이여.

– 하택례 〈희망〉 전문[103]

---

103) 하택례 〈별빛으로 만난 행복〉 계간문예. 2015. 참조

□ 알 수 없어요.

바람도 없는 공중에 수직의 파문을 내이며
고요히 떨어지는 오동잎은 누구의 발자취입니까
지리한 장마 끝에 서풍에 몰려가는 무서운 검은 구름의 터진 틈으로
언뜻언뜻 보이는 푸른 하늘은 누구의 얼굴입니까
꽃도 없는 깊은 나무에 푸른 이끼를 거쳐서 옛 탑 위의 고요한 하늘을 스치는
알 수 없는 향기는 누구의 입김입니까
근원은 알지도 못할 곳에서 나서 돌부리를 울리고 가늘게 흐르는 시내는
굽이굽이 누구의 노래입니까
연꽃 같은 발꿈치로 가이없는 바다를 밟고 옥 같은 손으로 끝없는 하늘을 만지
면서 떨어지는 해를 곱게 단장하는 저녁놀은 누구의 시입니까
타고 남은 재가 다시 기름이 됩니다.
그칠 줄 모르고 타는 나의 가슴은 누구의 밤을 지키는 약한 등불입니까.
― 한용운 〈알 수 없어요〉 전문[104]

---

104) 윤동주 외, 전게서 참조

□ 인사

별일 없나요?
예, 나도 별일 없었어요
어쩌다 나누는
인사가 정겹다

좋아 보이네요
예, 그쪽도 좋아 보이네요
어쩌다 던지는
한 마디가 고맙다.

— 나태주 〈인사〉 전문[105]

---

105) 나태주. 전개서 참조

□ 한번은 보고 싶습니다.

한번은 보고 싶습니다
먼발치에서라도 보고 싶습니다
사는 모습이 궁금해서 그런 게 아닙니다
내 가슴속에 그려진 모습 그대로
환하게 웃고 있는 모습을 보고 싶기 때문입니다.

인제 와서 아는 척해서 무얼 합니까?
인제 와서 안부를 물어봐야 무얼 합니까?
어떤 말로도 이해하지 못했던 그때의 일들도
오묘한 세월의 설득 앞에 고개를 끄떡였습니다
그저 웃는 모습 한번 보고플 뿐입니다.

한번은 보고 싶습니다
내 가슴속에 그려져 있는 얼굴 하나가
여느 아낙네보다 더 곱게 나이 들어가도
환하게 웃고 있는 미소는 그때 그대로
그렇게 나마 있길 바라는 마음입니다.

그러나
당신의 삶이 혹시나 고단하시면
당신의 모습에서 그 미소가 사라졌다면
나는 가슴이 아파서 어찌합니까?
그래도 한번은 보고 싶습니다.
　　　　　　－ 오광수 〈한번은 보고 싶습니다〉 전문[106]

---

106) 윤동주 외, 전게서 참조

□ 인생이 가는 길

세상에 나올 때
큰소리 치고 태어나
사춘기
망아지 된
철없는 유년입니다

세상에 뿌리내릴 때
입시지옥
입사창문 열고 닫으며
짝 만나
꿈 나래 폈던 청년입니다

세상을 얻으려
거친 광야
비바람 눈보라 몰아쳐도
장미꽃 가시도 함께 품으며
헤쳐 나갔던
포기 없는 중년입니다

세상을 관조하며
밀려난 뒷마당
마음 만져 위로하는 후원자
취미생활로 여유 찾는
지혜로운 장년입니다

세상을 이별하는 길목
소리없이 찾아 온 노년
힘없는 언어
빛 잃은 눈길로 침묵하며
죽음의 다리 건널 때
많고 많은 인연
좋은 추억에 행복하고
마디마디 인생
감사하고 떠나는 길이랍니다.

– 조영갑〈인생이 가는 길〉전문

▢ 어느 늦은 저녁 나는

어느
늦은 저녁 나는
흰 공기에 담긴 밥에서
김이 피어 올라오는 것을 보고 있었다
그 때 알았다
무엇인가 영원히 지나가버렸다고
지금도 영원히
지나 가버리고 있다고

밥을 먹어야지

나는 밥을 먹었다.
- 한강 〈어느 늦은 저녁 나는〉 전문[107]

 작가는 늦은 저녁 식사시간에 흰 공기에 담긴 밥에서 피어오른 김이 사라지고, 또한 공기에 담긴 밥도 빈 그릇만 남듯이 그 밥을 먹었던 사람도 언제인가는 모두 사라진다는 사실을 고백한 것이다. 세상의 모든 것은 영원하지 않고 지워지듯이 화자는 담담히 자신을 바라보고 무엇인가? 사라지고 부서짐을 예민하게 느끼고 깨우치는 시적인 함축이고 묘사일 것이다....!!!

한강작가는 시인이고 소설가로서 삶과 죽음, 고독과 비애가 담긴 '소년이 온다.'를 비롯해서 '여수의 사랑' '채식주의자' '바람이 분다.' '작별하지 않는다.' 등의 소설로 2024년 노벨문학상을 수상하였고, 〈서랍에 저녁을 넣어 두었다〉 시집도 발간했다.

특히 노벨위원회는 한강작품이 산자와 죽은 자의 사이 연결에 대한 독특한 인식으로 시적이고 실험적인 문체라면서, "역사적 트라우마에 맞서고 인간의 삶의 연약함을 드러내는 강렬한 '시적 산문'(intense poetic prose)"이라고 노벨문학상 수상 이유를 평가했다.

한강작가(54세)의 노벨문학상 수상은 한국 최초의 수상이고 아시아의 최초 여성작가 수상이며, 21세기의 최연소 수상자라는 기록을 세웠다. 작가는 소설문장  에 인간의 아픔을 시적인 묘사와 함축된 문체로 표현해 담았다. 그리고 우리들은 섬세한 감성언어인 한국어 원어로 작품을 읽을 수 있는 기쁨과 동시에 한국문화의 세계화에 크게 기여 한 것이다.

한강작가는 노벨문학상 수상 기쁨을 "내가 상상하고 구상하여 쓰고 지우고 고치며 마음속에 글감을 굴리는 시간이 가장 큰 기쁨이고 좋다."고 했다. 또한 "글 쓰는 과정에서 참을성과 끈기를 잃지 않고, 더 많은 책을 놓치지 않고 읽으려고 노력하며, 더욱 좋은

---

107) 한강 〈서랍에 저녁을 넣어 두었다〉 2013. 문학과지성사 참조

작품창작에 몰두할 것."라고 말 했다.

  이 같이 다소 환상적이고 내면적인 상상력과 생생하고 함축된 시적묘사는 끝없는 독서와 글쓰기 습작이 한강만의 '시적산문'의 문장 문체를 만들 수 있었다.[108]

  노벨문학상을 받은 한강작가의 마음과 자세는 오늘날 문학하는 사람들에게 격려가 되고, 작품창작에도 더 좋은 생각을 떠올리게 할것이다.

---

[108] 중앙일보. 2024. 10. 17~29 참조

V. 에필로그 : 행복한 시 쓰기를 마치면서

사람은 자기 운명을 스스로 만들어 간다는 명언이 있다.

운명이란 결코 하늘이나 신이 지배하는 것이 아니고, 자신의 손으로 자신의 운명을 발견하고 만들어 가는 것이기 때문일 것이다.

나는 전남 신안군 1004의 섬 비금도에서 태어났다. 아버지를 일찍 여의고 조부모님과 어머님의 사랑을 받으며 성장하여 전반기 삶은 직업군인으로서, 대학교수로서, 나의 인생을 만들어 왔다.

나이든 후반기 인생길을 걸어가며, 마음에 담아 왔던 문학의 꿈을 정년 없이 이룰 수 있어 행복하다.

내가 고등학교 시절에 은사였던 시인 권일송 선생님(한국현대시인협회 회장)에서 시를 배웠고, 수필가 정목일선생님(한국수필가협회 이사장)에서 수필을 수학해서, 하택례 회장님과 좋은 문우님들이 함께한 문학 활동은 큰 행운으로 감사한 마음이 가득하다. 그리고 연세대학교 미래교육원 문예창작지도교수를 비롯해서, 서울의 송파 · 강동 · 대림 · 명동에세이클럽 등에서 시와 수필 창작지도 활동과 동인지 발간 등은 나의 인생에 큰 축복이었다.

여기에 시와 수필 학습 현장에서 필요한 이론과 실제가 담겨진 길잡이 교제 〈〈행복한 시쓰기〉〉 〈〈행복한 수필쓰기〉〉를 발간한 영광까지 갖게 되었다.

이 모든 결실은 문학의 은사님·선배님·문우님들의 도움과 격려의 힘이며, 한국국보문학 발행인 임수홍 이사장님의 적극적인 후원에 감사드린다.

오늘날은 100세 시대이다.

나이 든 삶을 탓하지 않고, 정년 없이 글을 쓰며 즐거운 황혼 길을 걸어 가고 있다. 문학을 증류해서 나의 인생을 돌아보고, 서성거리는 외로움을 몰아내고 삶의 흔적을 남기며 살아가련다.

참고문헌

- 조태일 외 《문학의 이해》 한울. 2001
- 이승하. 《시 쓰기 교실》 문학사상사. 2012
- ──. 《인간의 마을에 밤이 온다》 문학사상. 2005
- 이지엽. 《현대시창작강의》 서울. 고요아침. 2014
- 박명용. 《오늘의 현대시작법》 서울. 푸른사상사. 2008
- 오규원. 《현대시작법》 서울. 문학과지성사. 2013
- 김순진. 《시창작법》 서울. 문학공원. 2021
- 조영갑. 《사랑의 덫에 걸린 행복. 2015
- ── 외 《행복한 수필 쓰기》 서울. 북코리아. 2024
- 하택례. 《별빛으로 만난 행복》 서울. 계간문학. 2015
- 권일송. 《숲은 밤에도 잠들지 않았다》 영하. 1994
- 김소월. 《진달래꽃》 예가. 2012
- 김종대. 《토담의 수채화》 한국문인. 2019
- 이희헌 《눈물 꽃 편지》 이가서. 2014.
- 이해인 《서로사랑하면 언제라도 봄》 열림원. 2015.
- 시바다 도요 《약해지지 마; 채숙향 옮김》 지식여행. 2015
- 양희봉 《내 마음 꽃으로 말합니다》 명성서림. 2021
- 최창일 《사랑하라. 빛이 그림자를 아름다워 하듯》 푸른길. 2013.
- 홍원기 《산》 월간문학. 2013
- 윤동주 외 《내 인생에 힘이 되어 준 시》 북카라반. 2021
- 김경애 《수시로 떠나는 디카시 여행》 바닷바람. 2014
- 배문석 《그 물감에 얼비치는 낯 설음》 국보. 2020
- 임춘식 《꽃과 바람》 월간문학. 2012
- 정영휘 《별빛마을 꽃나무》 지식공감. 2016
- 김영랑 《김영랑시집》 부크크. 2019
- 한용운 《한용운 시전집》 참글세상. 2017
- 서광식 《미드라쉬:Midrash》 시담포엠. 2021
- 리종화 《풀잎과 이슬》 바닷바람. 2024
- 만해축전추진위원회 《만해축전자료집》 인북스. 2019
- 김년균 《자연을 생각하며》 책만드는집. 2012
- 이어령 《눈물 한 방울》 김영사. 2022

- 심 훈 《그날이 오면》 심훈상록문학회. 2021
- 조미경 《여백》 한국문학신문. 2020
- 한국문인협회 도봉지부 《서울도봉문학인》 2019
- 차윤옥 《두꺼비 집》 계간문학. 2015
- 김경수 《서툰 곡선》 현자. 2013
- 신동엽 《신동엽시집금강》 창작과 비평. 2017
- 김지하 《오적》 아킬라미디어. 2016
- 이영도 《비둘기 내리는 뜨락》 민조사. 1966
- 박태상 외 《문예비평론》 한국방송통신대학교. 2023
- A · S 푸쉬킨 《삶이 그대를 속일지라도》 (박형규 옮김) 세네스트. 2020
- 괴테 《괴테 시집》 (송영택 옮김) 문예출판사. 2022
- R.M. 릴케 《릴케 시집》 (송영택 옮김) 문예출판사. 2024
- 헤르만 헤세 《헤르만 헤세 시집》 (송영택 옮김) 문예출판사. 2022
- 서정주 《질마재 신화》 은행나무. 2019
- 김수영 《김수영 전집》 민음사. 2018
- 유치환 《유치환 시선》 지식을 만드는 지식. 2012
- 박인환 《목마와 숙녀》 글러벌콘텐츠. 2018
- 박두진 《박두진 시집》 그도세상. 2018
- 나태주 《풀꽃 향기 한줌》 푸른길. 2015
- 천상병 《귀천》 답게. 2021
- 한강 《서립에 저녁을 넣어 두었다》 문학과지성. 2013
- 채수영 《한국문학의 평행이론》 국보문학. 2018
- 이오장 《은행꽃》 스타북스. 2024
- 기타

현대 시 창작의 이론과 실제

행복한 시詩쓰기

초판 인쇄 2024년 11월 18일
초판 발행 2024년 11월 22일

지은이 조영갑
발행인 임수홍
편 집 맹신형

발행처 한국문학신문
주 소 서울 강동구 양재대로 114길 32 2층
전 화 02-476-2757~8   FAX 02-475-2759
카 페 http://cafe.daum.net/lsh19577
E-mail kbmh11@hanmail.net

값 15,000원

ISBN 979-11-90703-90-1

· 저자와의 협약에 의해 인지는 생략합니다.
· 이 책의 글은 저작권법에 따라 보호를 받는 저작물이므로 저자와 출판사의
  동의 없이는 무단 전재 및 무단 복제를 금합니다.

· 잘못된 책은 바꾸어드립니다.